夕日が青く見えた日

「ピカソが未来を託した画家」が語る本物のアート思考

松井 守男《まついもりお》

F
フローラル出版

松井守男

Morio Matsui

パリで学んでいた頃の松井

パリ国立美術学校では初めの頃こそビリだったが、次第に成績を上げ、やがて“東洋の真珠”とスター扱いされるに至った。(P32)

ピカソの親友、ピニョンと

私が開いたグループ展に偶然やってきたエドゥワール・ピニョンは、ピカソの親友だった。(P34)

左が松井。
右からピニョンと、
その妻のエレーヌ。

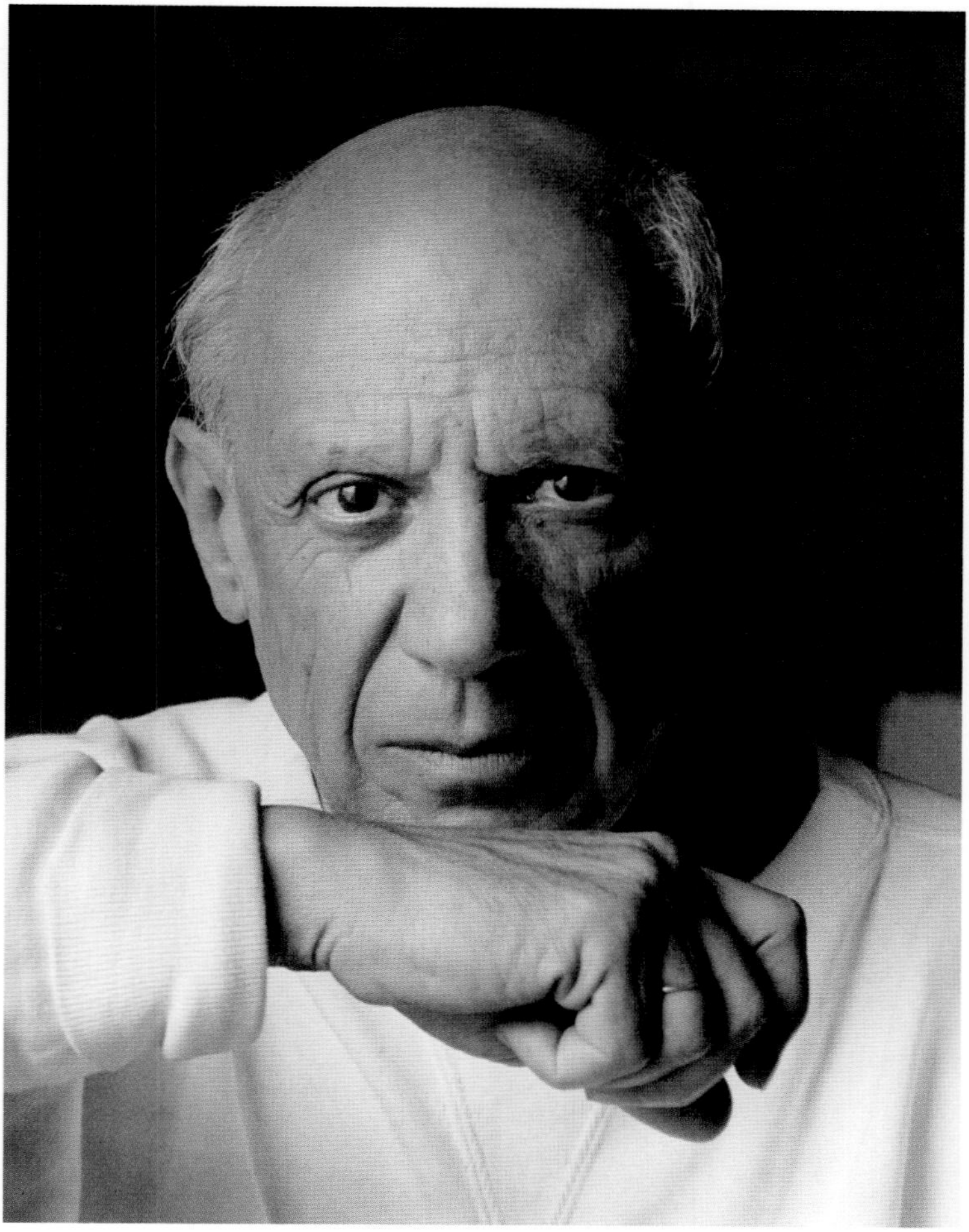

パブロ・ピカソ

Pablo Picasso

「ピカソは、私の顔を、いや私の目を、じっと覗き込んだ。見開いた真っ黒な瞳はとても美しかった。しかし、ピカソから出てきた言葉はとても辛辣だった。『お前に会うためにとった時間で、本来なら残せた傑作が、この瞬間に消えているのかもしれないんだ。私に会うというのは、そういうことだ』」(P63)

ピカソが祖国を爆撃された怒りを昇華させて描いた『ゲルニカ』は、今なお反戦のシンボルであり続けている。(P86)

パブロ・ピカソ作
『ゲルニカ』

33歳の頃の松井
(パリの
アトリエにて)

ピカソに会え、多くのことを学んだはずなのに、何もなせていない自分に、当時の私は焦りと苛立ちを感じていた。(P48)

代表作『遺言』で確立した面相筆で幾重にも描く手法

追いつめられた私は、死ぬ気で作品を描くと決意。ちょうどその頃パリの画材屋で、絵画で使うなかで最も細い絵筆、面相筆と出合った。(P48)

フランス政府からレジオン・ドヌール勲章を受章

面相筆で描いた緻密な織物のような絵は圧倒的なスケールがあると、パリの美術界で評判となった。その後私は、芸術文化勲章、レジオン・ドヌール勲章を受章した。(P82)

コルシカのアトリエの目の前に広がる海と

1998年、私はコルシカ島に移住した。ヨーロッパではリゾート地として知られる島だが、私はその光にいっぺんに魅了された。(P52)

上賀茂神社にて

これからの時代は本物しか生き延びられない。本物とは、人を感動させられるもの、人を幸せにできるもの。アートがまさにそうだ。(P174)

松井守男
主な作品

モデル

1967年　紙に木炭
50×65 cm

ル・テスタメント
ー遺言ー

1985年	キャンバスに油彩 215×470 cm

松井はこの作品で、
フランスのアート界に認められ、
「光の画家」と
呼ばれるようになった。

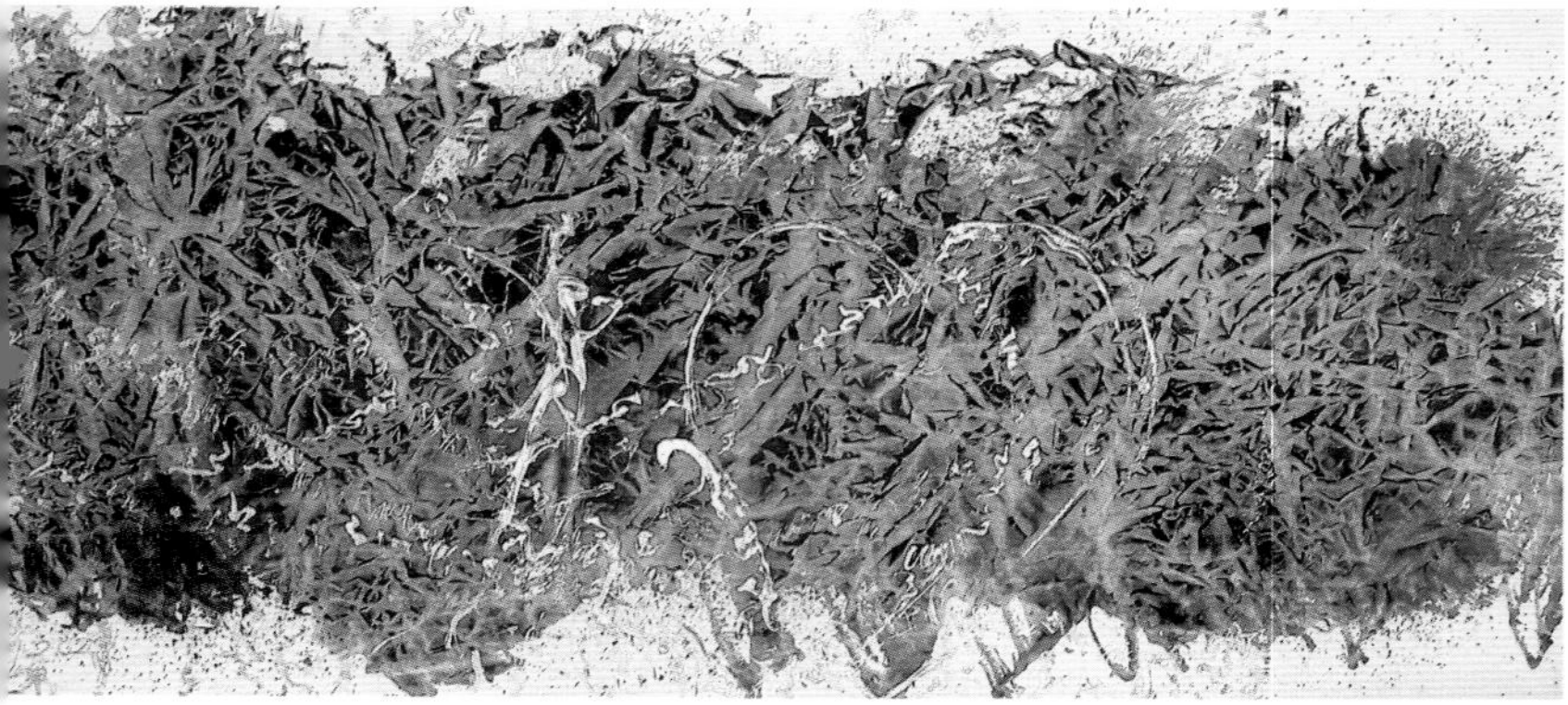

ブルー・ルネッサンス

2020年　キャンバスに油彩
215×1000 cm

「ブルーノート東京」で行われた
山下洋輔氏との
コラボレーションにて完成させた作品

ペイザージュ・ノアー・エ・ブラン
－黒白の風景－

1985年　キャンバスに油彩
200×450 cm

『遺言』で認められた松井が、
日本人であることを改めて思い、『遺言』の表現に、
白と黒だけで挑んだ作品。

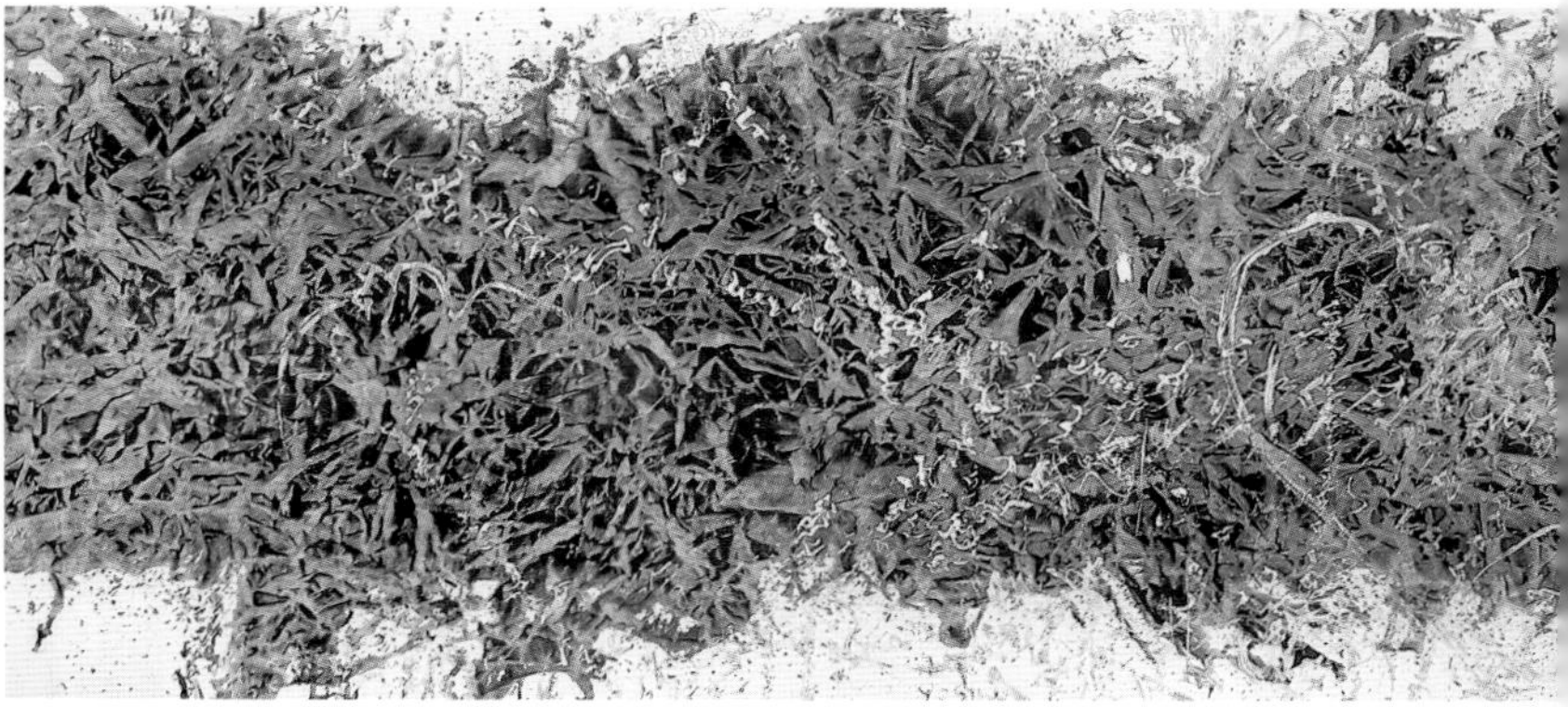

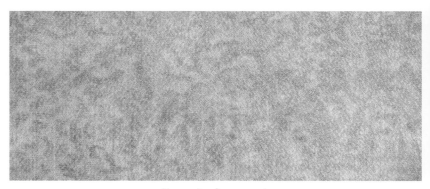

ラ・ナチュール
―自然―

2004年

キャンバスに油彩
215×500 cm

光の森

2018年　キャンバスに油彩
250×1000 cm

東京・神田明神文化交流館に奉納した作品

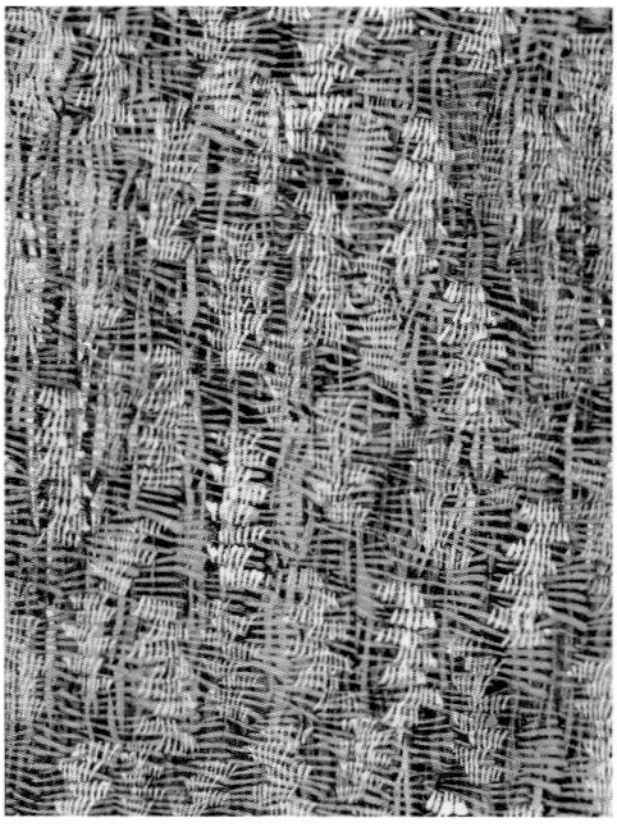

フォレ・ドール
－黄金の森－（部分）

1985年　紙にガッシュ
32×25 cm

タブロー・ビジュー
－宝石の絵－

1995年　キャンバスに油彩
6.5×5.5 cm

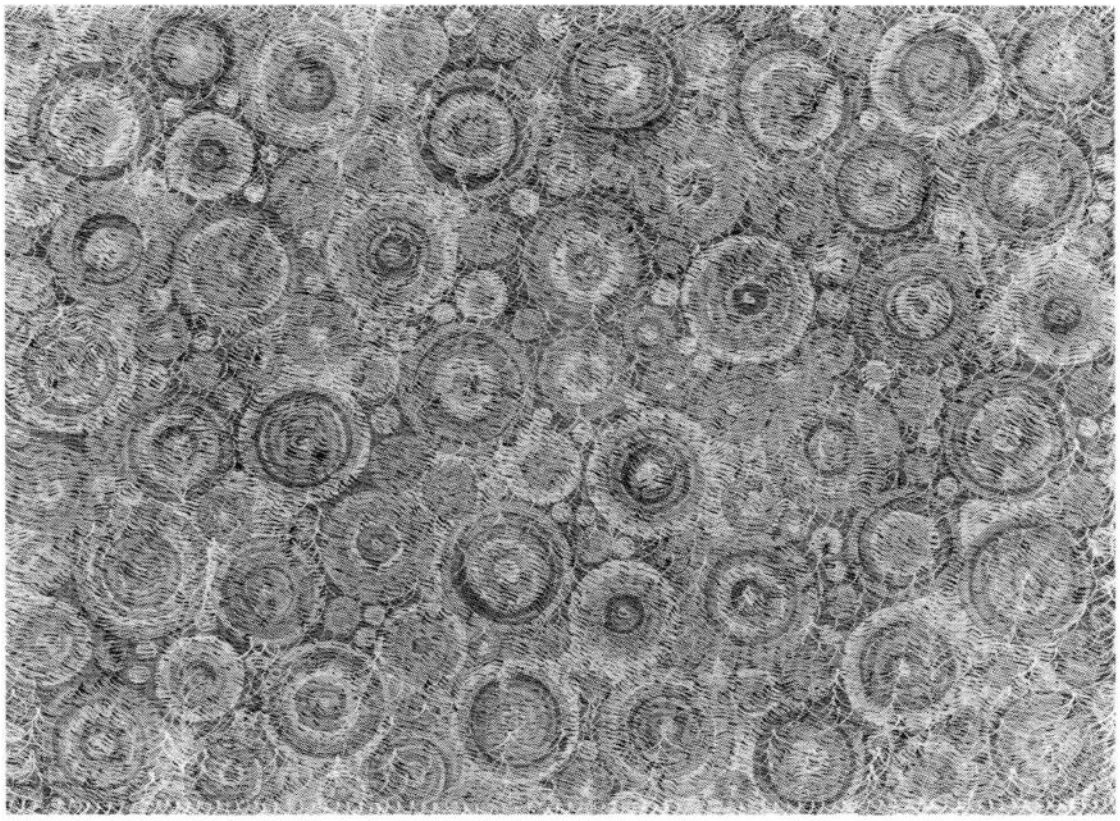

両界曼荼羅

2016年

キャンバスに油彩
97×130 cm

五島グリーン
（奥壁面の作品）

五島ブルー
（右壁面の作品）

いずれも、キャンバスに油彩
215×1000 cm

長崎県 五島列島久賀島のアトリエ。制作途中の作品。

ラ・レズレクション
－復活－

1998年

キャンバスに油彩
195×130 cm

ポルト（コルシカ島）

2001年

紙に水彩
42×56 cm

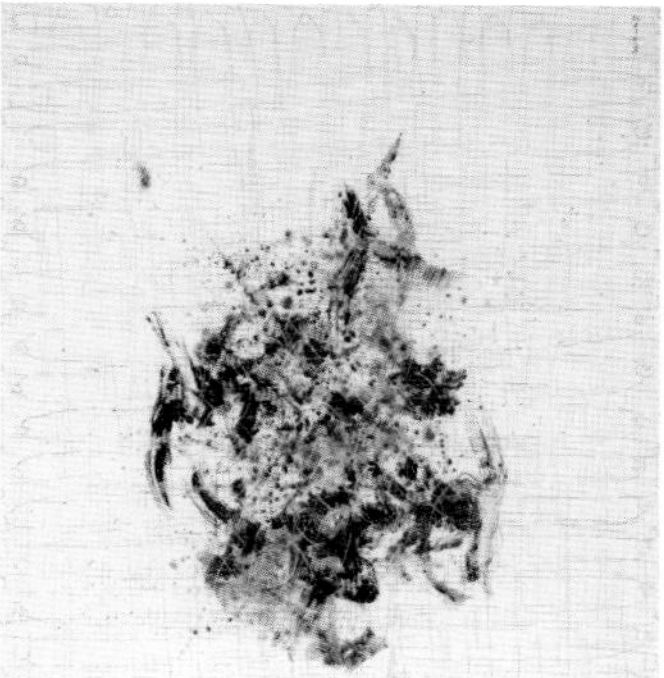

レジオン・ドヌール勲章

2003-2004年

キャンバスに油彩
130×97 cm

レジオン・ドヌール勲章受章時に記念として描いた作品。

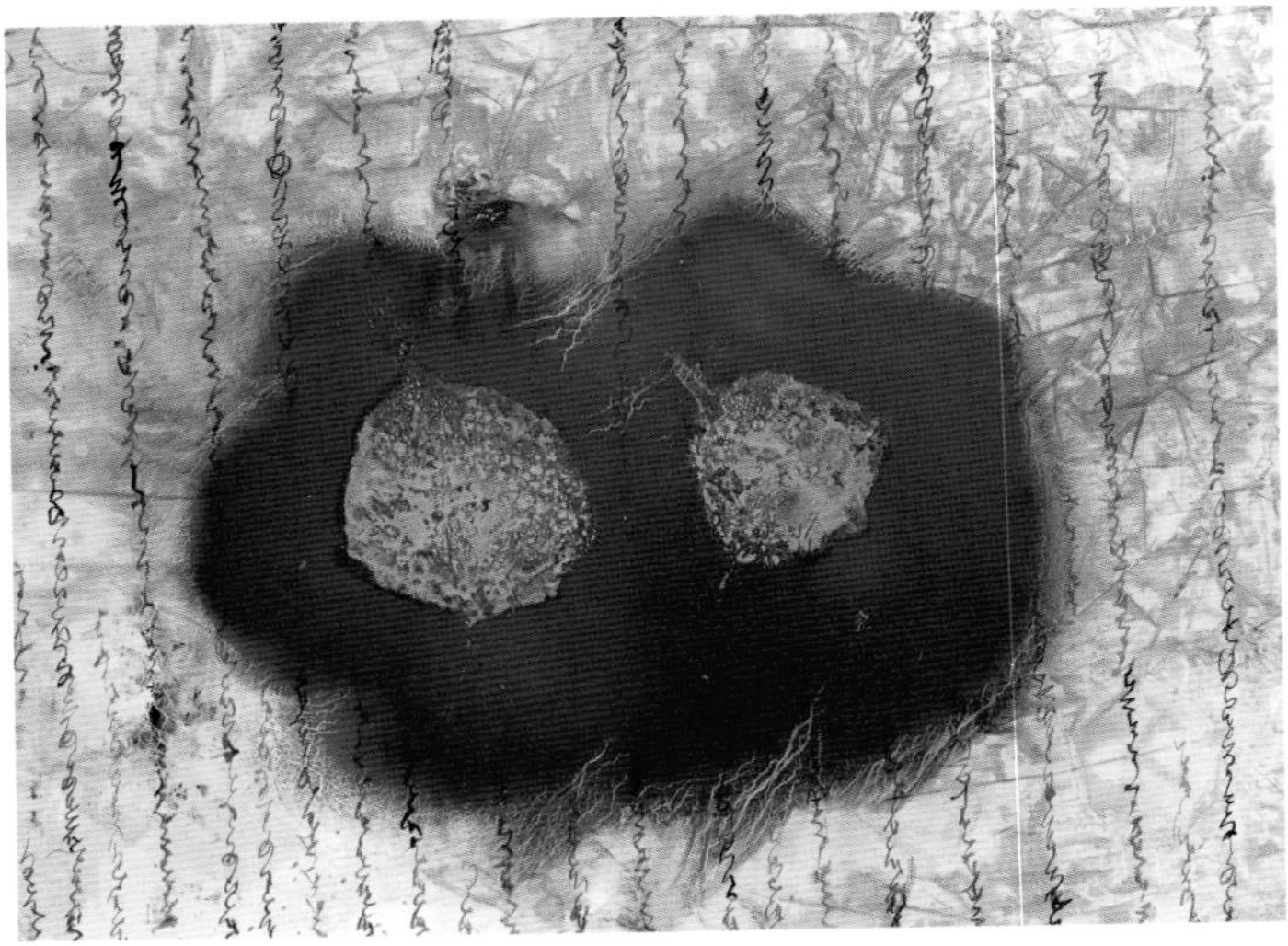

マツイブルー

2020年

キャンバスに油彩
97×130 cm

本書カバーの作品。青く見えた太陽を描いた。

アヴニール　－未来－

2021年

キャンバスに油彩
92×73 cm

こちらも、青く見えた太陽を描いた作品。

C

もくじ

Contents

はじめに……008

第1章 フランスで見た、知られざるアート の世界

第2章

2

アートの天才、ピカソは何を語ったか

3

第3章

日本でアートについて学ぶときに、知っておいてほしいこと

4

アートの考え方が、日本にはまだまだ足りない

第4章

第5章

アート思考で日本を変えろ

5

装画／松井守男
ブックデザイン／岡本一宣デザイン事務所
小埜田尚子＋佐々木彩
DTP／天龍社
校正／ぷれす
執筆協力／上阪徹
編集協力／小元佳津江
杉村鮎子
制作協力／郷保剛
編集／川田修

はじめに

アートは日本を変える可能性がある

フランスの有力紙「ル・フィガロ」が、フランス国民にアンケートをとったことがある。

「世のなかにある、どの職業に興味がありますか?」

注目したいのは、どの職業が偉いとか、どの職業に就きたいとか、そういう質問ではないことである。どの職業に興味があるのか、だ。そしてその1位になったのが、芸術家だった。アートを生み出す人、アーティストである。

フランスには、エアバスという航空業界の世界的な会社もあるし、レンズメーカーをはじめとした、個性的な製造業の会社もある。シャネルやエルメス、ルイ・ヴィトンなど、世界に知られる有名ファッションブランドもある。しかし、フランス人が最も興味をもっている職業は、芸術家だったのである。

しかも、アートにも色々あるわけだが、フランス人が最も興味をもっていたアートは、絵画だった。

私は武蔵野美術大学油絵学科に学び、フランス政府奨学生として1967年にフランスに渡った。以来、50年以上にわたってフランスで画家として生きてきた。

その間、フランスでも日本人の才能あふれた芸術家たちの名前は、次々に知られることになった。映画の黒澤明、音楽の小澤征爾、ファッションでは高田賢三、森英恵、三宅一生……。経済でも、日本は大国になった。

ところが、フランス人が最も興味をもっている絵画の世界で、日本からフランスに聞こえてくる名前はなかったのである。言葉を換えれば、その頃、世界に通じる絵画が日本から生まれてくることはなかったのだ。

私は留学して間もない頃から5年にわたって、巨匠パブロ・ピカソと交流する機会をもらい、その後、フランスで画家として認められることができた。

ありがたいことに、フランス政府から芸術文化勲章、さらにはレジオン・ドヌール勲章という芸術家にとっては最高の栄誉を2つも受章した。2005年の愛知万博、2008年のサラゴサ万博では、フランスの公式画家に選出された。

私は、日本から絵画の芸術家が現れてこないことが不思議でならなかった。日本では、世界に認められる絵画がなぜ出てこないのか。日本で絵画というアートはどのように捉えられているのか。日本人は絵画を、アートを理解できているのか……。そんな思いが募っていた。

感動が生まれればビジネスになる

2020年、たまたま日本に滞在中、新型コロナウイルス感染症の世界的な蔓延により、フランスに戻れなくなってしまった。このタイミングで、NHKの『日曜美術館』が撮影をしたいということで引き受けた。

翌年1月に放映されたこの番組は、放映日までの過去1年間で、番組内でトップ4に入る視聴率を獲得したと聞いた。本放送を見た人によるクチコミで、再放送を見てくださった方も多かったという。私はほとんど日本で活動はしていないので、私のような日本では無名の画家に注目をしてもらえたことは、大きな意味があると思った。

日本人はよく見ている、ということである。アートを見る目をしっかりもっている。芸術領域でも、やはり優秀な目をもっているのだ。

この出来事で、私は俄然、日本に興味を抱くことになった。日本も、もっと多くの人が多くのアートに触れられる機会をつくったほうがいいのではないか。フランス人がもっているアートの感覚を、もっと日本人が身につければ、これからさらに面白いことが起こってくるのではないか。

アートは感動を生むが、もちろんお金も生む。感動は多くの人を動かし、ビジネスを生むからだ。フランス人が当たり前のように知っているアートの価値を、日本人はもっと知ったほうがいいのではないか。

今、日本はさまざまな閉塞状況にある。バブル崩壊後、30年にわたって経済は低空飛行を続けている。もしかすると、私の知るアートの考え方が、苦しむ日本経済や日本の状況の突破口になるのではないか。そう考えたことが、本書を書き記すきっかけだった。

アートとは何か。なぜ、これほどの価値をもつのか。アートはどんな人たちによって、いかに生み出されるのか。なぜ、アートをつくるには美しい心が必要なのか。

私がフランスで50年以上にわたって間近で見てきたアートの世界を、アートの可能性やアートの生み出す価値の大きさを、たっぷりとお伝えしたいと思う。

ただ、私にそんなことを語る資格があるのか、と思われる方も多いかもしれない。何しろ、NHKに出たとはいえ、日本ではほとんど知名度はないのだから。実際、日本で講演をしたとき、そのように問い詰められたことがある。

だが、そのとき司会をされていた、外交官でユネスコの第8代事務局長も務められた松浦晃一郎さんは、こんなふうに返答されたのだった。

「世界のトップが集まるあの芸術大国フランスで、50年以上も絵画の腕だけで生きてきた人です。それ以上の説明が必要ですか？」

私が見聞きしてきた世界を、少しでも多くの人に知ってほしい。正直、どのくらい実践的なアドバイスができるかはわからない。だが少なくとも、ピカソから得た学びや、フランスと日本の違いの数々をお伝えすることで、日本の置かれた状況を客観的に捉え、日本の問題を俯瞰してもらうことはできるのではないだろうか。

そんな思いから、本書では、各項の最後に私からの提言を短い言葉でまとめた。これらが、少しでも多くの人にとって、何かしらのヒントとなってくれれば、と願っている。

第1章

フランスで見た、知られざるアートの世界

01

アートは心と懐を豊かにしてくれる

日本では油絵というと、大きくて頑丈で立派な額の中に入れられていることが多い。だから、フランスから持ってきた私の絵を見て驚かれることがある。私は、自分の絵をクルクルと巻いて持ち歩いているからである。

以前、黒柳徹子さんが司会を務める番組『徹子の部屋』に出演したときにも、真っ先にそのことを聞かれた。撮影スタジオには私の絵を飾っていただいたのだが、あなたはこんな大切な絵をクルクルと巻いて持ってきたのですね、と。しかし、実はヨーロッパではこれは当たり前のことである。なぜなら、持ち運べなければ「資産」として意味をなさないからである。

アートは心を豊かにしてくれる。 感動を生む。フランスでは、どんな家でもどんな部屋でも、必ずアートが飾られているといっても過言ではない。なぜなら、アートによって日々の暮らしは彩られていくから。アートがもたらす感動は心を豊かにするから。フランスではアートは、生活になくてはならないものになっている。アートが心の健康をもたらしてくれることを、フランス人はよく知っているからである。

だが、それだけではない。アートはお金を生むもの、「資産」でもあるのだ。

価値のあるアートを手にすれば、その価値が上がることで「資産」は増えていく。アートは心を豊かにしてくれるだけでなく、懐をも豊かにしてくれるものなのだ。**アートは感動を生むだけではなく、お金を、またビジネスをも生み出すのである。**

そして歴史を紐解けば、かつてのヨーロッパが戦乱や革命に見舞われたことがわかる。大混乱に陥るなか、さまざまな国の通貨がまったく意味をなさなくなっていった。それこそ、単なる紙切れになってしまったことが多々あるのだ。

いくら多額のお金を持っていたとしても、お金がお金としての価値をもたなくなってしまったら、それはただの紙切れに過ぎない。誰もそれをお金として認めないし、そんなものを持っていても仕方がなくなる。実際に、そういう時代があったのだ。

もちろん戦乱の世にあっても変わらない価値をもつものはある。例えば、金がそうだろう。金塊、金の延べ棒は、どの時代も、どこに行っても価値を保ち続けてきた。しかし、戦乱のなかで、大量の金を運ぶことは容易なことではない。途方もない距離を、命からがら逃げ回らなければならないかもしれないのだ。そんなときに、たくさんの重い金塊をずっと持っているなどというのは現実的ではない。資産としては優れているが、金は戦乱時の持ち運びには適さないのである。

もう、おわかりかもしれない。戦乱の世にあっても変わらない価値をもち、持ち運びにも適している。軽くてかさばらず、簡単に手にできるもの。それこそが絵画であり、アートだったのである。アートは、不測の事態に遭っても生き残るための「資産」だったのだ。

そしてこのとき、頑丈で立派な額に入ったまま取り出せないような絵だったら、持ち運ぶことができない。逆にいえば、これない。ちょっと考えれば、わかることだ。だから、こういうものは価値を高められない。

当たり前のようにクルクルと巻けるキャンバスで絵を描くようになった。これなら、世界のどこにでも持っていける。お金が紙切れになってしまっても、その価値は変わることがない。

なぜ、世界の富豪たちはアートに関心をもつのか。お金にならないものには一円たりとも使わないようなシビアな経営者が、巨額の費用をアートにつぎ込むのか。それは、アートが心を豊かにするばかりでなく、「資産」として大きな価値をもつことを知っているからである。

感動がお金を生み出し、ビジネスを生み出すことを知っているのだ。

もちろん、価値あるアートを手にするためには、それを見抜くだけの目利きの力が求められる。実はフランスでは、それを市井の人たちがもっている。そして、それを磨き続けているのだ。

アートは特別なものではまったくない。ビジネスパーソンにも、もちろん政治家にも、芸術感覚は必須のものとなっている。彼らにとってアートは、ごく普通に日常に溶け込んでいるものであると同時に、巨大な経済を動かすものなのである。

Matsui's view

感動は「お金」を、「資産」を、「ビジネス」を生み出す

02

実家は仕出し屋。7人きょうだいの6番目

日本からパリに渡ったのは、1967年だった。それから33年が過ぎた2000年、私はフランスの芸術文化勲章を受章した。「芸術・文学の領域での創造、もしくはこれらのフランスや世界での普及に傑出した功績のあった人物」に授与される、フランス文化通信省が運用する名誉勲章である。

そしてその3年後の2003年、フランスのレジオン・ドヌール勲章を受章した。1802年にナポレオン・ボナパルトによって制定されたフランスの栄典である。日本語では「名誉軍団国家勲章」とも訳される、軍の勲章であり、今もフランスの最高位勲章に位置づけられている。

双方ともに、フランスの芸術家に与えられるものとしては、最高の栄誉である。日本人の受章もあるが、日本人の場合は名誉的な色彩が強いようで、名家の出身者だったり、日仏の関係に貢献した人だったり、大企業の経営者だったりするので、受章後に私はフランスでたびたびこう聞かれることになった。

「あなたは、日本では、どこの名家の生まれですか?」

てっきり大変なお金持ちだったり、有名な芸術家の家の生まれだと思われていたようなのである。しかし、まるで違う。

私は1942年に愛知県豊橋市で生まれた。実家は魚屋を経て、仕出し屋になった。父は孤児からスタートした苦労人で、家族がたくさん欲しいと子どもは7人。私はその6番目に生まれた。というわけで、家に絵画やアートが飾ってあったわけではまったくない。ただ、振り返れば、あの時代に父は英語でアメリカの月刊誌『リーダーズ・ダイジェスト』を読んでいた。フランス語のスタンダールの『赤と黒』も家にあった。

そういう環境が少しは影響したのかもしれない。私の記憶にあるのは、そろばんが得意で、小学校5年生で始め、6年生のときに暗算で日本で2位になったことだ。

私の絵は、面相筆という最も細い筆を使って幾重にも塗り重ねていくのが作風のひとつだが、実は絵を描いているとき、ときどき数を数えている。どのくらい塗ったか、自分でわかっている。**だから、私の絵はまずコピーできない。**

私が日本にいた当時、家業は長男が継ぐものだった。私は、ならば銀行にでも入れ、と育てられていたが、14歳のときに母を失う。当時は、銀行は片親では入行できなかった。銀行に行くなら商業高校だが、ならばと、普通高校への入学を許された。

小さな田舎である。いろんなことで1番になった。絵もうまいと言われたが、歌もうまいと言われた。軽い気持ちでオペラ歌手に興味をもち、音楽大学への進学を考えた。ところが、たまたまテレビでイタリアオペラをやっていて驚愕してしまった。こんなことは、とてもできそうにない、と。

そして残ったのが、絵だった。長兄は映画をやりたかったのに、家業を継いだ。絵は貧乏するからデザインをやれ、と言った。そうなれば、会社勤めになる。これまた片親がハンデになると私は思っていたので、東京芸術大学のデザイン科をわざと落ちた。当時、デザインといえば東京芸術大学だった。長兄からは「我が家の恥だ」と言われたが、私は武蔵野美術大学でやりたかった油絵を学ぶことを許された。

ちなみに私は権威的なものにまったく関心がない。むしろ嫌いである。役職や社会的地位、エリート……。それには、実体験があるからだ。父がやっていた仕出し屋の奥にはお座敷があり、いつも地域の権威的な人たちが集ま

本来のアートは出自とも権威とも無縁である

って、芸者を呼んで大騒ぎしていた。いわゆる偉い人たちの裏の姿を、子どもの頃から見ていたのだ。地位があっても人間的に立派なわけではまったくない。それを子ども心に知った。

これは、後にフランスに渡ってからも痛感することになる。日本では「赤線廃止」と言いながら、フランスにやってきたら「いいところ紹介してよ」とすり寄ってきた大臣。私のところを訪れながら、驚くほど失礼な言葉だけ残して日本に帰っていった、とある有名な画商。〝偉い人〟の実態を、私はさらに見ることとなる。それよりも、あの時代に小さな田舎町で、原書でスタンダールを読んでいた父を誇りに思う。

日本では、今も権威や肩書きを活用しようとする人がとても多い。残念なことである。そして私は、いくらそんなものを出されても、まったくなびくことはない。それはこの先も変わらない。

03
日本にいたら、世界で1番は見えない

　幸運なことに、私は勉強もそこそこできた。おまけに絵も描けて、武蔵野美術大学に入学した頃の私は、まるで自分は神童か何かのように思い込んでいた。ところが東京に出てきて衝撃を受ける。私よりもはるかに描ける学生が、山のようにいたのである。

いかに自分が小さな世界で生きていたか。世界を知らなかったか。まさに「井の中の蛙」だったのだ。私は必死で勉強することになった。その努力は報われ、武蔵野美術大学は、後に首席で卒業することになる。

　しかし、今度は勝手な思い込みをもたなかった。ここで1位になったところで、きっと外に出ていけば、もっとすごい人たちがいるに違いない。世界から見れば、きっと1位なんかじゃないに違いない、と思った。

　私が目指したのは、芸術の都、フランス・パリだった。運良く、日本にはフランス政府奨学生という制度があった。この留学試験に合格するべく、新しい努力が始まった。夜は、飯田橋の東京日仏学院に通った。フランス語がきちんとできなければ、留学試験には合格できないからである。

　油絵を学ぶことすら反対していた兄は、もちろんフランス行きも猛反対だ

った。いかにして行かせないようにするか、苦心していたようである。だが、自分を貫くためなら、わざと受験で落ちることも辞さない私だ。この頑固さは、いったいどこから出てきたのか、と思う。兄が嫌がるのをわかっていて、パリ行きを決めてしまった。

今思うと、抜け出したかったからだと思う。故郷の豊橋から、東京から、日本から。田舎で見えていた本当に小さな未来から。だから勉強も頑張った。成績が良かったのは、とにかく抜け出したかったからだ。当時、まだ珍しかった塾通いまでさせてもらった。それは、家にいたくなかったからである。

はっきりとはイメージできていなかったが、私は何者かになりたかった。

自分が主役で生きられる人生を送りたかった。デザインに進んだら、会社員から始めなければならない。自分が主役になれるとは思えなかった。油絵なら、どうなっても後悔しない人生が送れると思った。どんな貧乏をしても、キャンバスと絵筆さえあれば、絵は描ける。世のなかがわかってくれなくても、わかってくれる人も現れるかもしれない。

もし生存中に認められなくても、後世では認められるかもしれない。どちらに転んだとしても、後悔だけはしたくなかった。できたはずのことをしない人生だけは、送りたくなかった。

若かったから、とはいえ、振り返ってみればとんでもない選択をしたものだとつくづく思う。政府奨学生に許された時間は1年。たった1年しか生活の保障はしてもらえなかったのである。

しかも、芸術の都・パリなのだ。**世界から優れた芸術家が集まってくる、とんでもない場所**だったのである。だが、当時は事の重大さに気づいていなかった。逆に、気づいていなかったからこそ、思いきったことができたのだと思う。

今「やれ」と言われたら、私は怖い。そして日本に戻ったとき、日本語には懐かしい、いい言葉があるということを久しぶりに思い出した。

「若気の至り」

まさに、若気の至りだった。その至りを活かすか、活かさないかが、1967年の私には求められた。当時はただただがむしゃらにやっただけだったが、結果的に、活かすことができたのだと思う。

ちょうどその頃、驚くべき出会いがあった。かねて憧れていた三島由紀夫さんから、彼のつくった「楯の会」のメンバーに美術系がいない、ということで、なんと私にお呼びがかかったのだ。当時、三島さんは誰もが憧れる大スター。私は、飛び上がらんばかりに喜んだ。だが、このときはすでにフランス行きが決まっていた。それを伝えると、

「それはぜひ行ってきたほうがいい。行くべきだ」

とすぐに返答が来た。その後、私は留学試験に合格し、パリへ発つことになる。

三島さんは、話す言葉も小説のような人だった。目の前で話していると、その美しい世界にぐいぐいと引き込まれてしまう。彼に「日本に残れ」と言われていたら、残っていたかもしれない。以来、彼には会っていない。

後の事件のニュースは、パリで知った。本当に印象的な人だった。

狭い世界からは少しでも早く出よ

04

フランス人のアートレベルに驚愕

東京には美術学校がたくさんあるが、実はパリには当時、私が進学することになっていたパリ国立美術学校と、パリ市立美術学校の2つしかなかった。海外の学校は10月から始まるが、日本の大学の卒業は3月。半年間がすっぽり空くことになるため、私は、パリにあったアカデミー・ジュリアンに通うことにした。ここも美術学校ではあるが、日本でいう研究所のようなところで、何歳からでも入学できる。さまざまな人が集まっている、とても面白い学校だった。

しかし、ここで早速、フランスのアートレベルの高さに度肝を抜かれた。毎週、絵の評論会があるのだが、私の絵など話題にも上らないのだ。やはり、日本ではトップにいても、フランスではまったく通用しないのだと思い知った。またゼロからやるしかない。

そう思った私は、入学資格のあったパリ国立美術学校を、あえて自分で受験した。すると補欠だったのだ。そのため、入学後も廊下で石膏のデッサンからやった。10月に日本から来たほかの留学生たちは、そのまま一番上の油絵クラスに行く。彼らは廊下でデッサンする私を尻目に、大いばりでスクールライフを満喫していた。

しかし私は、本当にそうしてよかったと思っている。また、じっくりと、本当の意味での勉強ができたからだ。

パリでアートレベルが高いのは、美術学校の学生だけではない。市民みんながハイレベルなのだ。それがよくわかる経験談をお伝えしたい。

私がパリに行ったとき、日本はまだ昭和40年代が始まったばかり。通貨としての円の力はまったくなく、お金持ちによる私費留学だったとしても、外貨の持ち出し制限が行われていた。そのイメージもあるのか、よく問われたのは「さぞ、貧乏したことでしょう」だった。しかし、実際にはまったく違っていたのだ。

フランスでは、家に当たり前のように絵が飾られる。絵を飾るための広い壁があちこちにある。それこそ屋根裏部屋にも、絵を飾るスペースがあるほどなのだ。

そして先にも書いたように、アートは単に心を豊かにしてくれるだけのものではない。資産となり、お金を生み出してくれるもの。だから、当たり前のように人々はアートを求め、買うのである。美術業界の人だけでなく、ごく一般の人たちが常に絵を買いに来るのだ。

しかし、高い評価がすでについている高価なアートを誰もが手に入れられるわけではない。そこで、無名のアーティストの絵にも、注目が集まる。その格好の選択肢が、将来の画家の卵たち、すなわち美術学校の学生たちの絵というわけだ。

学生の作品であれば、さほど高値なわけではない。そして、もしその人物が将来高く評価されたなら、当然ながら作品の価値も上がる。**実際、数千円で買った絵が、数十年後に数十万円、数百万円、数千万円、数億円にも、なりうる**のである。

とりわけ、よく学校にやってきたのが新婚の夫婦である。結婚したら、夫婦はまず絵を買いに来る。そして、その絵に合わせて家のインテリアなどをデザインしていく。フランス人にとって、絵は必需品なのだ。

まだ日本から、もっといえばアジアからの留学生も少なかった時代。東洋的な私の絵は珍しかったのだと思う。若い夫婦のインスピレーションに合致すると、学校で描いた絵がどんどん売れていった。日本で大学卒の初任給が2万円だった時代に、私は、1枚1000円ほどの絵を月に50点は売っていた。大卒初任給の2・5倍の収入を、絵で得ていたのである。

絵の購入をめぐってやりとりしていると、親しくなることもある。そうして、ファンが増えていく。**一生のお付き合いになるかもしれないアーティストとのつながりを、多くのフランス人は得ている**のである。私自身も、そうしたつながりを得た。まったく無名だった頃から、私の絵を50年以上にわたって買ってくれている人もいる。

フランスのアートレベルの高さに驚かされながらも、それによって助けられたことは多々あった。誰もが絵を、アートを必要としているからだ。

私は頭を下げて、絵を買ってください、と言ったことは一度もない。今もない。それこそ美術学校時代には、「買わないと損しますよ。あとで値段が上がりますから」とまで言っていた。実際、それは間違ってはいなかった。

05

捨てる神あれば、拾う神あり

残念なことだが、フランスではいい思い出ばかりがあるわけではない。むしろ、私のフランス留学は、次第に茨の道へと変わっていった。

10月にパリ国立美術学校に入学した私は、補欠生からスタートし、初めの1~2年こそビリだったが、次第に成績を上げていった。当時としては珍しかった東洋的な私の絵は、絵を買いに来てくれる若い夫婦など、一般のフランス人だけでなく、美術学校の学生の間でも話題となっていったのだった。

やがて学校で展覧会を開く機会をもらうと、瞬く間に話題となり、〝東洋の真珠〟だ、などと学内でスター扱いされるに至った。

だが、**一度目立ってしまうと「出る杭は打たれる」のは、どこの国でも同じ**だった。画家たちによる、ひどいいじめを私は受けることになる。あるとき、学生による合同展覧会が開かれたのだが、仲間だと思っていた学生にこう言われた。

「お前はもうスターだよ。絵は僕たちが飾っておいてやるから、オープニングだけ来ればいいよ」

ところが、教えられた時間に行くと、もうすでに展覧会は終わってしまっていた。そして私の絵は飾られることなく、トイレの壁に釘で打たれていた。こんなことが、何度も起こった。

究極は、政府の役人を親にもつ学生による、私の追い出しだった。私は学生ビザでフランスに入ったが、その証明がどこかに行ってしまったというのである。後に詳しく書くが、ビザに関してはその後なんとか事なきを得ることができた。

しかし、こんないざこざが続いたのでは、とても勉強などできない。私は、パリ国立美術学校を放校されることになった。辞めたのではない。辞めざるをえなかったのである。

パリ国立美術学校に在学中、エールフランスのプロジェクトで7人の画家の絵が採用されることになり、教授と競争して勝ち抜いたことがあった。

実は、これが放校の引き金になっていたことを後に知った。教授の嫉妬を買ったのだ。そのため私は、エールフランスのプロジェクトにも加われなかった。

ただ、これは後に私の信条になるのだが、「捨てる神あれば、拾う神あり」なのである。ちょうどその頃、たまたまご縁をもらい、有名な画廊でグループ展を開くことになっていた。日本ではちょっと考えられないことだと思う。しかし、当時のフランスは、若い人を育てることを強く意識していた。

そして、そのグループ展にやってきたのが、エドゥワール・ピニョンという名の高齢のフランス人だった。彼は、ピカソの親友だった。

話しかけられ、私がプロジェクトを外され、放校されてしまった事情を話すと、深く同情してくれた。

「モリオ、すまない。フランスはそんな人間ばかりじゃない。ただ、私にはプロジェクトに戻せるような力はない。でも、このままお前が日本に戻ってしまうのは、あまりにもったいない。せっかくフランスに来てくれたのだ。何かひとつ、お前の望みを叶えてあげたい」

私もまだ若かった。そんなことが実現するはずがない、と思いながら、大胆にも最も憧れていたアーティストの名前をここで挙げた。

「ピカソに会わせてほしい」

こんなことでもなかったら、冗談でもピカソに会わせてくれ、などと言う人間はいなかったと思う。ピカソは当時、そのくらい畏れ多い人だったし、会わせてもらうなんてとんでもないことだったのである。

ところが、これが実現する。詳しくは後に書くが、このときこう思った。これだけ頑張ってきたのだから、神様が少し手を差し伸べてやろう、と思ってくださったのではないか、と。そして最高のご褒美を、私は手にすることになった。

本当に、「捨てる神あれば、拾う神あり」だったのである。

どんな困難にぶち当たっても、腐ってはいけない

06

絵画を見にいくのに、孫を連れていく

1972年まで、学生生活を送りながらパリで画家として暮らすことになった。多くのフランス人に、絵を買ってもらった。そんななかで、なるほどフランスは日本とはまったく違うと感じる、驚くような光景を何度も見ることになった。

象徴的なのは、**高齢のご夫妻が、孫を連れて絵を買いに来る**ことである。どうしてこんなことをしているのかというと、教育しているのだ。心を豊かにしてくれるのは、どんな絵か。さらには、資産として自分たちを守ってくれるのは、どんな絵か。

そして目の前で語り出すのである。世のなかは何が起こるかわからない。銀行にお金があったとしても、安泰とはいえない。いつか革命が起こるかもしれない。お金などというものを信用してはいけない。

必要なのは、価値あるものを見分ける目。目利きする力。そして、それをもって絵を手に入れることができたとき、絵は自分を守ってくれる。どこにでも持っていけて、信用できる資産になってくれる……。

こんな話をしながら、幼い子どもと一緒に高齢者が絵を眺め、評価していくのだ。これで審美眼が鍛えられないはずがない。

そして、だからこそ芸術家、アーティストは社会的にとても大事にされる。なぜなら、自分たちの生活を彩ってくれるばかりでなく、いざというときに自分たちを守ってくれる存在でもあるからだ。

社会的な地位も高いし、尊敬もされる。先に触れたように、興味ある職業として第1位に選ばれるほどなのである。


ひるがえって、日本はどうだろう。芸術家は、社会からどんな目で見られているだろう。どんな社会的地位があるだろう。いわゆる偉い人は、どんなふうに芸術家を見ているだろう。

そして、こうした教育環境で育ったフランス人たちは、自分で判断することをとても大切にするようになる。ほかの人が評価しているからとか、人気だからとか、誰かに言われたから、などという選択を、彼らは絶対にしない。**自分が培ってきた審美眼で、アートを、絵を選んでいく。もっといえば、物事を選択していく。すべて、自分たちで選べる**のである。

もちろんフランスにも、画廊や画商があり、画廊や画商が選んだもののなかから買っていく人たちもいる。しかし、それでも彼らは、最後は自分で選ぶのである。画廊や画商が薦めたものを、そのまま買っていくわけではない。ましてや、自分が判断したものに対して、誰かに評価を確認したりはしない。たとえ、それが画商だったとしても、だ。自分の判断を強く信じているからである。

しかし、自分で判断したり、目利きをしたりする力がなければ、誰かの判断や目利きに頼らなければいけなくなる。そして、もしそれが間違っていたとしても、それを引き受けざるをえなくなる。

とても残念なことに、日本ではこの傾向が強い印象がある。自分の目利きではなく、人の目利きばかり気にしてしまう。自分の判断の正否を、つい誰かに確認しようとしてしまう。

もしそれが間違ったものだったとしたら、取り返しがつかないことになるだろう。だから、誰かの判断に委ねるということには、大きな危険が潜んでいるのだ。

大切なのは、自分で判断する力だ。それをフランス人はよくわかっている。

人の目ばかり気にせず、すべて自分で決めなさい

もちろん、間違えることもあるかもしれない。しかし、自分の判断であれば、たとえ間違ったとしても後悔はしないだろう。また、そこから自分で軌道修正していくこともできる。ところが、誰かの間違いの場合、悔やんでも悔やみきれないし、軌道修正もできない。

それを幼い頃から、祖父母が鍛えているというところに、フランスの強さを感じた。しかも、単に見た目の美しさが求められているのではない。心を豊かにするものか、さらには、いざというときに自分を守ってくれるものか、という見方をするのだ。

フランス人にとってのアートは、日本人にとってのアートとは大きく異なる。もっと日常や人生に密着した、重要な位置づけをもっているものなのである。

07 アートにまつわる“小銭”を経済だと思うな

絵画やアートは生活を彩り、心を豊かにしてくれるものである一方、資産であり、投資でもある、という考え方自体は、日本においても、もちろんあるようだ。

それを否定するつもりはまったくないのだが、フランスがアートに対してもっている意識は、スケールがまるで違う、ということはご紹介しておきたい。投資をした絵画の価格が数年後に値上がりし、利益を得た、などという〝小銭〟は、アートの経済ではないのである。

若い夫婦が美術学校で絵を買い求めるのには、理由がある。彼らは、短期的な投資の収益を考えているわけではないのだ。5年、10年、さらには数十年の単位で、自分たちを守ってくれる絵を買おうとする。短期間で売り抜けて小さな利益を得よう、などとはまったく考えていないのである。

だからこそ、美術学校なのだ。美術学校の学生が、高い絵を売ろうとするはずがない。基本的に言い値である。そこから彼らはファンになって、長い目で画家を応援しようと考える。そういう学生を選ぼうとするし、そういう絵を買おうとする。本当に優れた絵であれば、実際、彼らを長期にわたって守ってくれるのだ。

実はこれ、国も同じことを考えているのである。あるとき、政府の高官と話をしていて、私は仰天してしまった。フランス人はなぜ、これほど経済の競争が激しくなっているのに、慌てたりしていないのか、と問うと、こう返されたのである。

「困ったときには、ルーブル美術館の『モナ・リザ』を売ればいい」

これには本当に腰を抜かしそうになった。たしかにルーブル美術館には、世界の人々にとって垂涎のアートがひしめいている。それを売り払ったら、とてつもないお金になるだろう。フランスは長い年月をかけてアートを、さらには芸術家を大切にしてきたことで、こんなことを言えてしまう国になっていったのである。

国際的な議論の場で、経済規模としてはもっと大きな国があるにもかかわらず、フランスが強気な発言をどんどん繰り返せるのは、こうした背景があるのだ。アートが、フランスという国を守ってくれているのである。

アートは、それほどまでに価値があるもの、ということなのだ。フランスはそれを理解している。〝小銭〟稼ぎのためにアートを盛り上げようなどとは、まったく思っていないのだ。

それだけではない。新型コロナウイルスがやってきて、残念ながら世界からの観光客はいなくなってしまったが、ルーブル美術館やポンピドーセンター、さらにはピカソ美術館が、どれほどの人をフランスに呼び込んできたか。もっといえば、この3つだけで、どれほど巨額の収入をフランスは得ているか。すべては、アートがもたらしたものだ。

しかも、フランス政府は多額の投資をしてきたわけではない。芸術家を大切にし、本当に優れたアートを見極め、守ってきたがゆえにできたことなのである。

フランスがもっているのは、長い目で見た価値である。短期的な〝小銭〟取引などではない。だからこそ、本当の価値を追い求める。人々もまた、それを追求する。目の前の損得には惑わされない。人の言うことを安易に信じない。

アートにどれほどの大きな価値があるのか、フランスはよく知っている。だから、芸術家を大事に育てるし、世界から芸術家を迎えている。そして、審美眼をもった国民たちがシビアな目でそれを見極めている。


日本も経済を豊かにしようと躍起になっているが、なぜアートの、芸術の価値に気づけないのか、私は不思議でならない。今、価値あるものをつくっていくことは、長期的に日本経済を豊かにしていくことになる。

若い芸術家たちを大切にしないといけない。長い目で見れば、もっと芸術に大きな可能性があることに気づかないといけない。そのためにも一人ひとりが、芸術やアートの価値に気づかなければいけない。

自分で判断できる目を養っていかないといけない。

Matsui's view

経済を豊かにしたいなら、アートの価値に気づくべき

08

家賃も税金も電気代も、待ってもらえた

フランスがどれだけ芸術家を大切にしているか、私は象徴的な体験をしている。絵が売れていったことで食べることには困らなかった私だが、パリのアパルトマンの家賃は相当に高かった。

しかも、私は大きな絵を描きたくて、天井の高い部屋をいつも借りていた。そうなると、必然的に最上階になる。ただでさえ高い家賃が、最上階となるとますます高くなる。そんなわけで、絵は売れていたといっても家賃の負担は大きかった。それこそ、稼ぎの多くは、家賃に消えていった。

そんななか、多くの友人たちはさまざまにサポートしてくれた。意外に知られていないが、フランスは世界最大級の農産物輸出国であり、農業国である。だから、「ちょっと実家に帰ってきたから」といっては、食べるものをどっさり置いていってくれた。これは、とてもありがたいことだった。

そしてこんなこともあった。若い頃は、絵を描いていると夢中になって、夜中になることもしばしばだった。そうすると、家賃の上に光熱費までのしかかる。そこで、私はひらめいた。家の電気を、アパルトマンの共用部分から拝借することにしたのである。

ちょうど最上階だったので、エレベーターで使っていた電気のコードを部屋に引っ張り込めることに気づいた。深夜であれば、誰も使わないだろう、とばかりに、これを拝借したのである。

ところがあるとき、エレベーターから電気を部屋に引き込んだまま、絵を描くのに疲れて眠ってしまったのだ。

トントン、というノックで目を覚ますと、ドアの向こうに現れたのはアパルトマンの大家だった。言うまでもないが、勝手に電気を拝借していたのである。泥棒扱いされ、責められても仕方がない。

だが、フランスは違うのだ。大家は、私が画家だとわかるとこう言った。

「ちょっと絵を見せてくれますか？」

私が絵を見せると、大家さんは驚きの言葉を私に伝えたのである。

「あなたには、このままここにいてほしい」

電気泥棒という悪さをし、追い出されたとしても仕方がなかった私は、思ってもみない対応をされたのだ。あとで聞いてわかったのは、**絵に期待がも**

てるとわかると画家は追い出されたりしない、ということだった。

理由はシンプルで、その画家がこの部屋で過ごしたということが価値になるからだ。箔づけになるのだ。そうすることで、高く売れたり、高い家賃を設定できたりする。こんなところでも、芸術が経済原理を働かせるのが、フランスなのである。

そしてもっと驚くべきことがあった。フランスでは、税金が払えなくても待ってもらえたりするのだ。あるとき、税務署から税金督促の書留が届き、間もなくして直接訪問を受けた。画家だというと、担当者は絵を見せてほしいという。そしてなんと、待ってもいい、と言ってもらえたのである。

実はフランスでは、税金を絵で払うことができる。もし滞納があまりに長引けば、絵を差し押さえればいいのだ。それができるだけの絵だと税務署の担当者が判断すれば、ということになるが。つまりは、税務署の担当者も絵を見極められるのだ。

ただ、これはそんなに美談とはいえない。もしかしたら将来、とんでもない値をつけるかもしれない絵を、税金という名目で取り上げることができてしまう、ということでもある。フランスはしたたかなのだ。したがって画家としては、それは最後の手段だった。

そして私の場合、さらに驚くべき出来事があった。テロの取り締まりで警察の訪問を受けたのだが、若い警察官が私の絵を気に入ってくれた。そして、何かと物騒だからと、ときどき訪問してくれるようになった。そればかりか、驚くべきことに彼は私の税金を立て替えてくれた。

この人物こそ、私のマネジャーのロベール・ショージニキである。もともと画家志望だった。才能があったが、画家にはならなかった。だから、絵のことをよくわかっていた。出会いから3年、「一緒に仕事をしないか」と彼は言ってくれた。

警察官が画家のマネジャーに転身する。それがフランスである。

09

死ぬつもりで描いた『遺言』が人生を変えた

パリで学び、パリを拠点に画家として活動し、最低限の生活はできていた。私はデッサンが得意だった。しかし、「何者かになる」という夢を、私は捨てきれていなかった。いつか画家として大成したい。有名になって多くの人に認められたい。それが叶わぬまま、気づけば10年以上が経過していた。

ピカソにも会うことができ、本当に多くのことを学んだはずなのに、何もなせていない自分に、当時の私は焦りと苛立ちを感じていた。ピカソは36歳のとき、それまでのキュビズムによる表現を一変させ、世に大きく飛び出していった。しかし、私は36歳になっても何も起こらなかった。思うような人生には、なっていなかった。

こうして40歳を迎えた私は、一大決心をする。自分が天才ではない、ということはよくわかった。**もう何も考えまい。希望も何ももたないでおこう。死んだつもりになって描いてみよう。評価されようがされまいが、死んでしまえばわからない。最後に絵を残して、このまま死んでしまおう**、と思った。

ちょうどそんな折、パリの画材屋で驚きの出合いをする。絵画で使うなかで最も細い絵筆、面相筆である。これを使って絵を描くのは面白そうだ、と思った。偶然にもその筆は、私の故郷、愛知県豊橋市が産地だった。

用意したのは、高さ2メートル15センチ、幅4メートル70センチの最も大きなキャンバスである。最も大きなキャンバスに、最も小さな筆を使って抽象画を描く。こんなことをした人間は今までにいない。私はここから一心不乱に描き続けることになる。

テーマは「遺言」。描き込んで、描き込んで、描き込んだ。それが私には喜びだった。幾重にも幾重にも筆を重ね、色を重ねていく。気持ちを込め、感情を込め、喜びを込め、怒りを込めた。自分自身の内面を描こうと挑み、筆を走らせた。びっくりするほど、描き込んだ。

描き込んで、描き込んでをひたすら繰り返していると、無に至っていく。それは、心地良い瞬間だった。私は2年半にわたって、アトリエに閉じこもり、ひたすら描き込んでいった。

幾重にも幾重にも描き続け、2年ほど経った頃だった。ふと気がつくと、驚くような色がキャンバスの上に現れていた。うまくいかなかったことへの私の恨みは、筆を走らせているうちにどんどん浄化され、色に変化していったのかもしれない。そして驚くべきことに、そこには、自分でも思ってもみなかったような光が浮かび上がっていた。私はその後も半年ほどさらに描き込み、この作品を完成させた。これが『遺言』（口絵参照）である。

面相筆を使ってできあがった緻密な織物のような絵は、同時に圧倒的なスケール感があると言われた。これが、パリの美術界から高い評価を得た。見た人が、別の人に評判を伝える。そしてやってきた人が、また別の人に伝える。瞬く間に噂は美術界に、さらにはフランス中に広がり、『遺言』を描いた松井守男という画家の存在が、フランスに知られるところとなった。

印象派の有名な画廊が見に来たり、高級な絵画を買いつけることで知られる富裕な著名人もやってきたりして、私に高額の注文をしてくれた。

圧倒的に緻密なタッチで、見たことのないような色と光を表現した絵によって、**私は「光の画家」と呼ばれるようになった。**

『遺言』が評価されたのは、何よりも、ほかになかった抽象画だったからである。フランスでは、人と同じものをつくっても誰も感動しない。今までに

個性を大事にしないと本物のアートは生まれない

なかったものをつくらなければ意味がないのだ。その人ならではの個性を大事にしなければならない。魂が込められ、突き抜けた何か。ほかにはない何かをもっているものに、人は心打たれる。そういうものは、一見してわかるものなのだ。

そしてフランスという国は、常に未来のスターを探しているのだ。すでにいる流行のスターだけがもてはやされるのではない。これから、あるいはもっともっと先に羽ばたこうとしている未来のスターを、常に探そうとするのである。

見たことがないものを見たい。そこに大きな価値を置く。だから、本当の芸術家は挑みたくなる。こうして、新しい才能が世に送り出されていくのだ。

私の人生は、『遺言』というひとつの作品で、一変してしまうことになる。

10

「芸は身を助く」をコルシカでも知った

『遺言』を描いてから13年。パリに来てから31年が過ぎた1998年、私はコルシカ島に移住した。ナポレオンが生まれた島であり、ヨーロッパではリゾート地として知られる島だが、私はその光にいっぺんに惹きつけられてしまった。

大きさは四国の半分ほどしかない。年中、温暖で過ごしやすいが、なんといってもその魅力は光にあった。とりわけ、サンギネール諸島からの日没の光に私は魅せられた。**神々しい光の色は、絵の具をいくら使っても出せないような美しさ**だった。

ずっと抽象画を描いていたが、私はコルシカに移ってからは風景画も描くようになった。素晴らしい光と景色、そして人を描きたくなった。

住み慣れたパリでの生活も充実していたが、コルシカに移って改めて感じたのは、のびのびと生きられることだった。苦悩から解き放たれた気がした。パリ時代とは違う、豊かで躍動感のある絵も描けるようになった。

実は、パリを出たくて出たのではなかった。これは後に詳しく書くが、私は自分の絵を直接、求める人に手渡ししてきた。いわゆる画廊を間にはさまなかった。

ところがパリでは、画廊と契約をしている人でなければ、美術館を使って個展が開けなくなってしまったのである。展覧会ができなければ、絵を披露する場がつくれない。これではパリにいられない、と思った。

そんなとき、マネジャーのロベールがコルシカのフェッシュ美術館の情報をもってきてくれた。ルネッサンス絵画のコレクションがあることで知られる美術館だが、調べてみると、ルーブル美術館に次ぐほどの伝統をもっていることがわかった。

実際に訪ねてみると、素晴らしい美術館だった。しかもときどき、現代作家も展覧会をするという。そして1997年、私もそこで個展を開催したのだった。

私はすっかりコルシカという地を気に入ってしまった。美しい島とは聞いていたが、これほどとは思わなかった。ナポレオンを輩出した島だけのことはある、と思った。そして、ここに移住しよう、と決めた。パリに戻り、コルシカの土地を買い、引っ越しの準備を進めた。

ところが、ここで大事件が起こる。その土地は建物を建てられないことが、ギリギリになってわかったのだ。パリのアトリエはもうすでに引き払ってしまっていた。戻ることはできない。私は行き場をなくしてしまったのだ。

そんな私に、驚くべき連絡がやってきた。『遺言』を出したフェッシュ美術館での展覧会で、私の絵を見た不動産オーナーが、住居の提供を申し出てくれたのである。この絵は素晴らしい、この絵を描いている画家に家を提供したい、と。

ここでもまた、私はフランスに救われた。**日本語でいえば、「芸は身を助く」ということかもしれない。絵のおかげで、私は行き場を失わずに済んだのである。**しかもこの家が、目の前に美しい海をたたえた、素晴らしい眺めをもつ家だった。これは、本当に幸運なことだった。

コルシカに住んでわかったことがいくつもある。実はヨーロッパの富豪たちがたくさん家を持ち、また彼らの友人たちが訪れることもあって、周辺には世界的にも有名なホテルやリゾート施設が数多くあるのだが、彼らはパリから雇い人を連れてきたり、食材を持ってきたりはしないのだ。

全身全霊でつくったものは、必ず自分を守ってくれる

土地の人を雇い、土地の人を教育し、土地の食材を使い、土地に報いているのである。こういうことをする人や会社なら、地元の人たちは歓迎する。そして、コルシカにしかない価値を、この地を訪れた人に提供する。それこそ、パリのような洗練されたサービスや食事がなくったってまったく構わないのだ。パリでは味わえない絶景があり、光があり、風があり、人がいる。コルシカでしか味わえないものの大切さを、彼らはよくわかっているのである。

そしてそれは画家も同じだと思った。私はコルシカの海を描き、岬を描き、山を描き、人を描き、光を描いた。以来、私はコルシカの地にずっと腰を据えている。新型コロナウイルスの感染拡大がなければ、すぐに戻っているはずだった。コルシカのまぶしい太陽を、懐かしく思い出す。

column

フランスの人生処方箋

松井守男の好きな格言①

～よい夕食は必ず空腹によって始まる～

Bon repas
doit commencer
par la faim.

久しぶりに訪れた郷里の豊橋にて

切羽詰まって必死にやる。やむにやまれず突き進む。そうして、気づけばこんなところまで来ていた。不安になって振り返る暇などなかったのがよかったのかもしれない。

第2章

アートの天才、ピカソは何を語ったか

11

まだ、誰もやっていないことをやりなさい

冒頭でもお話ししたとおり、私はＮＨＫの『日曜美術館』の取材を受けた。日本ではほとんど知られていない私の特集が、再放送もされ、放映日までの過去1年間でトップ４に入る視聴率を獲得したというのは、驚きと同時に大きな喜びでもあった。

コロナ禍で、私はフランスに戻れなくなってしまったわけだが、その間、日本に長期滞在すると決めたことで、さまざまな出会いもあった。

そのひとつが、『日曜美術館』で取り上げられた、瀬戸内海に浮かぶ小さな島、家島の神社だった。宮司の息子さんが神田明神に奉職しておられ、私が奉納していた神田明神の絵に興味をもってくださって、実家のある家島でも絵を描いてみませんか、と提案されたのである。

家島は、とても美しい島だった。瀬戸内海を船で渡るとき、まぶしい光に神々しさを感じた。聞けば、日本の建国を記した日本神話にもゆかりの島々なのだという。懐かしいコルシカの光を思い出した。

神社に伺うと、描いてほしいと用意されたのは、ふすまだった。庭に面し

た部屋には2つの面を埋める真っ白な新しいふすまが用意されていた。何を描いてもいいという。私はなんの準備もしていなかった。持っていったのは、絵の具と筆だけである。**何を描くのかは、その場で決める**のだ。

インスピレーションをもらうために、島の奥にある森に分け入ってその生命の息吹を感じたり、古木をデッサンしたりしたのだが、その様子もテレビクルーが追いかけてくれた。

そして私が描いた絵は、周囲を驚かせたようだった。私は、真っ白なふすまに、白い絵の具を使って描き始めたからである。面相筆を使い、少しずつ少しずつ白い絵の具を塗り重ねていく。

やがてそれは古木のような陰影として姿を現し、そこから龍が飛び出していった。私はなおも塗り重ねていく。一部は赤や青で少しだけ色をつけた。家島の美しい自然と光を、私はそこに描きたかった。

白い絵の具は、その絵が長い時間を経ることで、さらに価値をもたらすことを期待してのことである。フランスから持っていった白の絵の具は、時を経ても変色することはない。しかし、庭に面したふすまは陽の光を浴び続けて色あせていく。

今は真っ白のふすまも、やがて日焼けで色が変わっていくのだ。そのとき、私の描いた白の絵の具が浮かび上がることになる。私の描いた絵は、長い年月とともに、その姿をより強烈に現すことになるのである。

１００年、２００年と長い時間を経ることで、価値をもってほしい。そんな思いから、私はあえて、白いふすまに白い絵の具で絵を描いたのである。

テレビ放映後、否定的な声はほとんどなかったそうだが、なかにはこんなものもあったという。

「あれは、ふすま絵ではない。松も鳥も描かれていない」

なるほど日本らしい、と思った。私はふすまに描いてほしいとは言われたが、ふすま絵を頼まれたわけではない。また、松や鳥のふすま絵が描けないわけではない。しかし、描かなかった。

ふすまに描くからといって、どうしてふすま絵にしなければならないのか。そういう発想から、私は常に入っていく。それは、ピカソのおかげである。

Matsui's view

人と同じことをしても意味がない

私はピカソに直接こう言われた。

「まだ、誰もやっていないことをやりなさい」

私が最も大事にしているのは、まさにこれである。人と同じことをしても仕方がないのだ。

それにしても、白いふすまに白い絵の具は、最先端の機材を持ってきたテレビクルー泣かせだったらしい。実は、「光の画家」と呼ばれている私の絵の色は、映像ではほとんどうまく映せない。

写真でも同様である。私の絵の独特な色は、カメラには写らない。印刷物でも限界がある。印刷技術が上がり、画集で十分、という人も増えている時代ではあるが、フランスでは、実物の絵を買いたいと今も言われている。それが、私の絵である。

12

ピカソは言った。「よし、明日から来なさい」

ひどいいじめに遭い、フランスを追われようとしていた私に、ピニョンという高齢のフランス人が声をかけてくれたことは、すでに書いた。そのとき「ひとつ、望みを叶えてあげたい」と言ってくれたピニョンに、私は意を決して「ピカソに会わせてほしい」と言ったのだった。

ピニョンはピカソの親友だったが、それを知ってお願いしたのか、知らずにお願いしたのか、今となってははっきり思い出せない。しかし、ピカソに会わせてほしい、などと誰かに言える人間は、フランス人でもなかなかいなかったと思う。

そんな言葉をどうして発することができたのか、私にもよくわからない。しかし、本当に幸運なことに、私はピカソに会うことになるのである。しかも、それればかりではない。ピカソ晩年の5年間、毎月のように会い、アトリエで彼が絵を描くところを間近に見て、ともにランチに出かけては、たくさんの言葉を交わしたのである。

初めてピカソに会った日のことは、昨日のことのように覚えている。ピカソは私の憧れだった。というよりも、世界中の芸術家、芸術家の卵にとっての憧れだった。そんな人物を、目の前にする機会を得られたのだ。

ピカソは、パリと南仏にアトリエを持っていた。南仏のアトリエで、ピニョンは私を紹介してくれた。

ピカソは、私の顔を、いや私の目を、じっと覗き込んだ。見開いた真っ黒な瞳はとても美しかった。しかし、ピカソから出てきた言葉はとても辛辣だった。

「お前に会うためにとった時間で、本来なら残せた傑作が、この瞬間に消えているのかもしれないんだ。私に会うというのは、そういうことだ」

これには、ひるまざるをえなかった。たしかに、そのとおりなのだ。ピカソ自身、寸暇を惜しんで絵を描き続けている。それは、残されたわずかな時間を使って、世界に残したいものがあるからなのだ。

私は、そんな天才から時間を奪おうとしていたのだ。これほどの人に会わせてもらうというのは、そういうことを意味していたのである。改めて、自分がとんでもないことをしでかしたことに気がついた。

そして、ピカソの次の言葉に、私はさらに凍りつくことになる。

「私の絵を、どう思う？」

これがいかにとんでもない質問であるか、絵を描く人間でなくても、ご想像いただけると思う。世界が認めるピカソから、「私の絵を、どう思う？」と聞かれたのだ。全身が硬直し、頭のなかは真っ白になった。

私は、ピカソの傑作を思い出し、さらにアトリエに並べられている描きかけの絵を眺めた。答えは、なんとも自然に、突然、私の口から出た。

「形も色も見えない。光しか見えません」

すると、ピカソの表情は少しずつ和らいでいき、にっこり微笑んでこう言った。

「よし、明日から来なさい」


アートとは、光を発するものでなければならない——この質問の真意を、後に親しくなってから、私はピカソに聞くことになる。

画家でも音楽家でも、器用にやればうまくはできる。しかし、光にするというのは、まったく別なのだ。光を出せる人こそがアーティストなのだ。画家も音楽家も、光をこそ発せなければならないのだ。

アートとは、光を発するものでなければならない

とっさに出た言葉で、私はピカソに認めてもらうことができた。だからその後、ピカソのアトリエに出入りすることを許されたのだ。これが、いかに貴重なことだったか。ピカソは1人の弟子も、もたなかったからである。

5年間にわたってのピカソとの交流は、私にとって本当にかけがえのない時間となった。まだ学生だった私は、裕福ではなかった。ピカソがパリのアトリエにいるときには、週の半分は向かい、彼が南仏に行けば私もついていって近くに2、3泊し、アトリエに通った。あるとき、ピカソは私の目をじっと見て、こう言った。

「**お前はオレと同じ目をしているな。オレを見ても、目が動かない。お前はきっとオレのようになる**」

ピカソのこの言葉は、その後いかなるときも、私の支えであり続けた。

13

絵の値段は、自分で決めろ

ピカソに教わったことはいくつもあるが、そのひとつがこれである。

「お前の作品の値段は、すべてお前が決めろ」

これは日本でもそうだが、画家は多くの場合、画商や画廊に販売を委ねる。こうなると、絵の値段を決めるのは、画商や画廊ということになる。そして、画商や画廊が顧客に絵を販売していく。私はこのスタイルを否定するわけではない。しかし、若い頃から絵の値段は自分で決めたいと私も思っていた。もっといえば、絵を買ってくれる人と直接、コミュニケーションを交わしたかった。

若い夫婦が美術学校に絵を買いに来てくれたというエピソードはすでに書いたが、それがうれしかったのは、直接、コミュニケーションを交わすことができたから。そして、それによりお互いに信頼関係が生まれたからだ。もっといえば、**ファンになってもらえるという喜びがあったから**である。

だから、画商や画廊に頼むことを、私はずっと躊躇していた。なんとか、自分だけでやれないか、と思っていた。とりわけ若いときは、画家に力がない。画商や画廊に「こういう絵を描きなさい」と指示されることも多い。だから余計に、画商や画廊とは付き合いたくなかった。

フランスに留学して間もない頃、大学時代にもお世話になった2人の教授が日本からやってくることになった。私が〝東洋の真珠〟などと呼ばれて評価されていたことはすでに記したとおりだが、2人の恩師に真っ先に言われたのが、これだった。

「画商は決まったのか?」

私はびっくりしてしまった。いい絵が描けているかどうか、いい評価をもらえているのかの前に、どんな画商や画廊と付き合うことになったのか、という質問を受けたからだ。その裏側には、有名な画商と付き合うことが権威になる、というニュアンスが含まれていると私は感じた。

先にも記したとおり、私は権威が大嫌いである。権威をちらつかせようとする人を、私は信用しない。もともと画商をつけたくないと思っていたのだが、これでますますつけたくないと思うようになってしまった。

2人の恩師からは早く画商をつけるようにと叱られた。しかし、私は結局、画商も画廊もつけなかった。あれから50年以上経った今もつけていない。だから、珍しがられる。

フランスでもあまりいないようだが、日本ではもっといないようである。画商たちにしてみれば、異端の存在に見えるのだと思う。もっといえば、気に入らない存在だということもよくわかる。しかし、これが私のスタイルなのだ。

その後押しをしてくれたのが、まさにピカソだった。

自分の描いたものの値段は、すべて自分で決めなさい。もし値段を提示して、買わないと相手が言ったなら、いつか相手は後悔すると思ったらいい、とピカソも言っていた。

そしてピカソもずっと画商や画廊をつけなかった。自分で絵を売っていた。その意味で、彼はまさに、非常に優秀なビジネスパーソンだった。

正確に言えば、晩年になってからピカソは、ダニエル＝ヘンリー・カーンワイラーという画商をつけた。美術評論家や編集者としても活躍した人だ。何しろ、ピカソは最も多作と言われた画家である。膨大な数の絵を整理する

自分の価値は、自分で決めなさい

のは大変だった。それを人に任せ、描きたい絵を存分に描くために、つけたのである。それまでは一切、画商にも画廊にも絵を扱わせなかった。

値段を自分で決めるということは、自分の絵の価値判断を他者に委ねない、ということである。**自分の価値を自分で定める**ということ。振り返ってみても、ピカソの教えは正しかったと思うし、自分の選択も正しかったと思っている。

そうやって直に買い手と値段を交渉することで、目利きの力や画家としての覚悟を育ててもらえた、とも思う。しかも、フランスという最も審美眼の厳しい国のなかで、である。

それはとても貴重な体験であり、財産であり、幸運なことだったと感じている。

14 同じことを繰り返しているのは怠け者である

フランスに留学し、ピカソのもとに通い、パリで絵を描き続け、そして『遺言』がフランスで話題になった頃、私はようやく日本に戻った。日本を離れてから20年が経っていた。それまでは、帰りたいとも思わなかった。

それ以降は、ときどき日本に戻ってくることもあり、長崎県の五島列島にアトリエを持つようになったりもしたのだが、戻るたびに言われることがあった。

「先生、先生はご自身のスタイルがまだ決まっていないのでしょうか」

私には理解できなかったのだが、日本ではスタイルというものがあるらしい。特定の何かを描く。モチーフが決まっている。お得意のものがある。色々なパターンがあるようだが、それが「スタイル（型）」と呼ばれているものだと知った。

しかし、私にはそんなものはなかった。常にその場で考えるからだ。自然だったり、デッサンだったり、何かにインスピレーションをもらうことはあるが、最初からこれを描く、というものが決まっているわけではない。

先に紹介した、家島の神社のふすまに描いた絵にしても、古木や龍、島の光を描こうと最初から準備して描いたのではない。島に着いてから考え、さらには描いているうちに、それが現れていったのである。

何か特定のものを描いたり、得意なものばかりに特化したり、テーマをいつも定めていくというのは、むしろやるべきではないと私は思っていた。なぜならピカソもこう言っていたからだ。

「同じことを繰り返していると、怠け者と呼ばれる」


実際、彼は生涯それを貫いた。「青の時代」「桃色の時代」などを経てキュビズムを生み出し、その後もさまざまな画風を開拓し続けた。**やるべきは常に新しいことに挑むこと、型を破り続けること。それこそが、アーティストの役割**だとピカソは考えていたのだと思う。私もその教えを受け、今も新しい表現を追求している。

得意だから、好きだから、という理由で描き続けることももちろん否定しないが、そこから果たして新しい感動が生まれるだろうか。大きな驚きが出てくるだろうか。

むしろ、ピカソや私がやろうとしてきたことは、スタイルをつくらないことだった。スタイルはつくるべきではないし、アートはスタイルではないのである。

こう考えるとどうなるのかというと、スランプがなくなる。私はいわゆるスランプというものを経験したことがない。非常に多作な画家だったピカソにも、スランプはなかったと思う。それは、「こうしなければいけない」という枠のようなものがまったくなかったからである。

こういう絵を描こう、となるからスランプになる。私はいつだって、まったく新しいものを描きたい。次はどんなものが出てくるのだろうとワクワクする。

これを描かないといけない、これをテーマにしないといけない、となった天才は大変である。そうした天才の苦しみは私にはわからない。

そして、画商や画廊を介さなかったからこそ、私やピカソのやり方は可能だったのかもしれない。「こんな絵を描いてほしい」と頼まれたものは、基本的に描かないからである。

たいていの場合、画商や画廊がつけば、「こうしてほしい」という注文がくると聞いている。彼らは、どんな絵ならどんな顧客に支持を得られそうか、知っているからだ。また、「このアーティストはこのスタイル」ということがわかっていれば、顧客にアピールもしやすいのかもしれない。

だが、それで結果的に同じことを繰り返させることになったとしたら、アーティストにとっては悲劇である。彼らの本当の力は発揮できなかった恐れがある。

そういえば、シャガールしかり、ダリしかり、有名な画家ですら、同じようなモチーフ、テーマのものばかり描いていたケースは少なくない。シャガールは本当にそうしたかったのか、今となっては知るよしもないのだが。

少なくとも、ピカソはまったく自由だった。スタイルにこだわらなかったし、作風もどんどん変えていった。私も自由である。そして私は、ピカソに賛同する。**アーティストに自由に委ねることが、アートの力を最も輝かせる**と私は信じている。ピカソも、それを信じていたのだと思う。

アーティストの役割は、常に型を破ること

15

人間は生まれたときに、みな同じチャンスをもらう

とんでもない才能をもって生まれたら、何もせずとも自然にピカソのようになれるのではないか。そんなふうに思い込んでいる人が、世のなかには少なくない。しかし、ピカソ本人は、とても興味深いことを言っていた。

「人間は、生まれたときに、みな同じチャンスをもらうのだ」

チャンスは実は平等にあるというのだ。問題は、そこからどういう選択をしていくか。何を選び、誰を選ぶか。一つひとつの選択が、人生の行く末を大きく左右するということである。もちろん、時代、国、環境……みなが同じく平等に生まれてくるわけではない。それでも、どのような人生に行き着くかには、その人がそれぞれの岐路でする選択が大きな意味をもっているのだと、ピカソは言いたかったのだと思う。

それを知っていたがゆえに、ピカソはなかなか人に会おうとはしなかったのかもしれない。おかしな選択肢が増えてしまいかねないからだ。そして、その選択を間違えてしまうと、望まぬ方向に進んでいきかねないからである。

もっともピカソの場合は、そんな理由ではなくて、ただ単純に時間が惜しかった、ということのほうが大きいのだとは思うが。人類にとっての宝を生

み出すための時間を、ピカソはとても大切にしていたからである。

しかし、とんでもない才能をもっていたピカソが、人間はみんな同じチャンスをもらう、と語っていた意味は大きいと私は感じた。つまり、才能によって人生が決まるわけではない、ということである。

人生は常に選択だ。これから何をするか。それも自らが選んでいるのだ。誰かを幸せにしようと考えている人もいれば、誰かを追い落とそうと考えている人もいる。どちらも、誰もがとりうる選択である。

とりわけ悪意に向かう時間は、とても危ない。そんな時間をもつくらいなら、筆をとにかく動かしたほうがいいと私は思っている。ピカソはこんな言葉も残してくれている。


「**間違ったことをやる人は、人生も間違える**」

すべてのケースで言いきれることではないが、実は間違ったことをしているとき、自分自身でも気がついている、ということは往々にしてあるのである。そこにこそ、間違ったことをやることの怖さがある。つまり、自分が間違っていると自覚しながら、過ちを犯しているということだ。これが人間をまともにしていくはずがない。そんな人が人生を間違えてしまう、というのは大いにありうることだろう。

興味深いのは、この言葉をピカソが残してくれたことだ。おそらく彼は、自分のまわりで、間違ったことをやっていた人をたくさん見ていたのではないかと思う。あれだけの人であるがゆえに、周囲には悪意もたくさん満ちていたと思えるからだ。

足を引っ張る。悪口を言う。意地悪をする。邪魔をする。人は強い生き物ではない。そんなふうになってしまったとしても、仕方がないところもある。しかし、間違ったことをしてしまったら、やはり人生も間違った方向に進んでしまうのだ。

フランス大統領まで務め上げたのに、有罪になって牢屋に入ることになってしまった人がいる。個人的にお付き合いがあったわけではないが、残念なことに、失礼な目に遭ったことがあった。会うはずの予定を、4度もドタキャンされたのだ。

私より、大統領のほうがはるかに忙しいだろう。それ自体、私はなんとも思っていない。しかし、間違ったことは、やはり間違ったことである。こう

一つひとつの間違いが、ひいては人生を狂わせる

いう**小さな間違いから、大きな間違いにつながっていく。**

日本でも、こんなことがあった。会社を継いだばかりの若い社長から、展覧会をやりたいという申し出があり、その準備を進めていたら、その人の父親である会長に「そんなことはまかりならん」と言われてしまったのだ。

どうも、直前の段階で、どこかの画商からその会長に変な吹き込みがあったようだ。画商をつけない私のやり方に反発する日本の画商は多い。絵はすでにだいぶ描き進んでおり、社長は平謝りだった。それにしても、息子がやろうとしていたことを、いとも簡単に父親がひっくり返す。そんな状況を私は気の毒に思っていた。

それからしばらくして、驚きの連絡が入ってきた。その会社が倒産してしまったのである。私の展覧会など氷山の一角だったのだろう。間違ったことをやると、人生を間違える。これもまた、ピカソに教わった言葉である。

16

絵だけにすべてを捧げたピカソ

アトリエで絵を描いているピカソは、鬼気迫るものがあった。日本の有名な古い絵に風神雷神図があるが、まさに風神雷神が絵を描いているかのようだった。しかし、絵を描き終えると、だらりと椅子に身を預ける。ゆるゆるのTシャツにデカパン姿のピカソは、それこそ「風呂上がりのお父さん」そのままなのだ。

親しくなって、そのことを指摘すると、ピカソはこう言った。

「オレは絵描きなんだ。絵がすべてなんだ。だから、絵にすべてを捧げる。あとのことはどうでもいい」

ピカソほどの人になれば、いばっているんじゃないか、と想像している人も少なくないかもしれないが、まったくそんなことはなかった。初めて会ったときこそ、迫力に気圧されたが、親しくなれば本当に気さくな人だった。

やがてわかったのは、いばるエネルギーがもったいないとピカソは思っているのではないか、ということだった。絵を描くこと、そして愛する女性と時をともにすること以外、少しでも力を使うのがもったいないと、彼は考えていたのだと思う。

もうひとつは、絵だけが認められればいい、ということだ。これは**世界の超一流に共通しているが、仕事以外は謙虚**なのである。決していばったりはしていないのだ。

権威とも遠い人だった。ネクタイを締めて偉い人に会いに行く、なんてことはありえなかった。ピカソはむしろ、権威に近寄ろうとしていなかったように思う。

日本にいると、画家でもなんでも、すぐにスーツにネクタイ、と言われる。以前、私もテレビに出るときに言われたのだ。

「先生、巨匠らしくしてもらえませんか。先生は気安すぎです」

私は呆気にとられながらも、こう答えた。

「僕はいつも絵を描いているんだ。絵描きにそんなことを求める必要があるのか？　逆に、違った人を見せたっていいじゃないか」と。

彼らにはもう、イメージがあるのだ。巨匠たるものネクタイをしていなくてはいけない。カッチリしていないといけない、という。本質ではないところに、意識がいきすぎている。これでは画家も、別のことにエネルギーが割かれすぎる。日本で画家をやっていくのも別の意味で大変だ、と思った。

先に書いたように、ピカソは弟子もとらなかった。理由はシンプルで、教えることは大変なことだからである。

私自身も記憶がある。少し生活に困ったときにパリのアトリエを開放して子どもたちに教えていたのだが、とんでもないパワーが必要なのだ。というのも、いざ教えると一生懸命になってしまうからである。中途半端は許せないのである。

それで本気で教え始めてしまうと、疲れきってしまう。お金を稼ぐためにやっていたはずが、そんなところでは終わらなくなってしまうのである。

ピカソもそれをわかっていた。だから、ダリはダメだと言っていた。スペインの美術学校で教えていたからである。毎週通っていくなどというのは、本物の画家には到底無理なことだ。それが、ピカソの考え方だった。

弟子をもてば、弟子の人生の面倒もみなければいけなくなる。そこにパワーを注がなければいけなくなる。ましてや、大勢の弟子をとるなどというのは、ピカソとしてはありえなかったのだと思う。もちろん、絵を手伝わせる、

絵描きは絵がすべて。あとのことは、どうでもいい

ということも絶対にない。

そうではなくて、**自分自身が一生をかけて燃えきりたい**とピカソは語っていた。描く絵にこそ、すべてを捧げたいのだ、と。それに、私も深く共感した。

私はピカソから正式に弟子にしてもらったわけではないが、もしかすると自分と同じような匂いを私に感じてくれていたのかもしれない。弟子のように、いつでもアトリエに出入りしてよい――それを許されたのは私だけだった。アトリエとは、画家にとって日記と変わらないものだ。そこに呼ばれるということは、かなり親しい証拠であり、画家にとって名誉なことなのである。私自身も、何かをピカソに教えてもらおうというのではなく、勝手に学びとろうと思っていた。

ピカソのそばにいられるだけでも、私には大きな喜びだった。

17

スペインから来たピカソ、日本国籍を貫いた私

光栄なことに私は、芸術の国、フランスで芸術文化勲章を受章することができた。その3年後には、レジオン・ドヌール勲章を受章した。ときどき勘違いしている人がいるのだが、私がもらった勲章はフランス政府からの勲章である。日本人も含め、外国在住の人がフランスから勲章を受章するケースがあるが、それは多くはフランス大使館からの勲章なのだ。そう考えると、私の受章は本当に畏れ多いものだと感じる。

ただ、ここでフランス人も驚く事実がある。**私は50年以上、フランスに暮らしているが、フランス国籍は取っていない。今も日本国籍の日本人**なのだ。ここが、フランスのとんでもないところなのである。フランスに住んではいるものの、日本国籍をもつ日本人である私に、フランス政府は芸術文化勲章や、レジオン・ドヌール勲章という最高栄誉の勲章を出したということだ。芸術至上主義の国の奥深さを思う。

ただ、先にも書いたように芸術のもつ価値をフランスはよくわかっているのだ。実際、ピカソはスペインから来たのだし、シャガールはロシアから来た。日本からも古くは藤田嗣治がフランスに渡り、長くを過ごした。外国から来た芸術家が、フランスの価値を高めてきた歴史があるのだ。

ここで読者のみなさんは不思議に思われるかもしれない。なぜ私が日本国籍のまま、50年以上もフランスで暮らすことができたのか。もとより留学してから20年、私はずっとフランスにいたのだ。これには、理由がある。

いじめによって、学生ビザで入国したという記録を消されてしまったことは先に書いた。入国記録が消えたとなると、基本的には国外退去処分だ。ところが、実はこのときも「捨てる神あれば、拾う神あり」だったのである。

その頃に、フランスの有名な画廊で展覧会を開くことができ、そこでピニヨンに会えたわけだが、実はその画廊のオーナーのミッシェル・ドーベルヴィルもまた、私に助け船を出してくれたのである。2週間以内に国外退去という連絡が来た、困っている、と話すと、彼はこう言った。

「ピカソも最初はニューヨークに行った。そこからパリに来てくれた。パリに来てくれた芸術家は、大切にしなければならない」

そして、展覧会の様子をフランスの2大新聞のひとつ、「ル・モンド」の一面で紹介してくれたのである。さらに数日後、コレクターのピエール・クレールから電話がかかってきた。

「モリオ、明日の朝8時半に、パリッとした格好をして来てほしい。場所はパリ警察だ」

パリ警察に行くと、どこか見覚えのあるオジサンが立っていた。なんと以前、私の絵を買ってくれていたオジサンだったのだが、そのときは路上で「ピッ」と笛を吹いているぐらいの警察官だと思っていた。なぜ、このオジサンがパリ警察に？　街のおまわりさんではなかったのか？　この前は絵に高い値段をふっかけてしまったな……などと考えていると、なんとパリ警察のナンバー2だったのだ。そしてこう言われた。

「モリオ、色々すまなかったね。もう安心していいよ。君には、永久ビザが出ている」

驚くべきことに、こうして私は**フランス在住の永久ビザをもらうことになったの**である。繰り返すが、永久ビザだ。ここでもまた「芸は身を助く」だった。芸術至上主義の国に、助けられたのである。

こうして永久ビザをもらうことができたわけだが、私は日本人である。それは忘れるべきではないと思っている。また、先にも書いたように、当時は絵画でフランスや世界にまで名を残した日本人がいない、と言われていた。

藤田嗣治はフランスに帰化している。そういったことからも、**私は日本人としてやり遂げたかったのだ。それで、国籍は日本のままにしている。**日本人であることは、見えないところで光をもたらしていると思う。

余談だが、テレビで私が和服姿で絵を描いているシーンが放映され、日本を売り物にしているのか、と問われるのだが、勘違いである。ただ単に、和服は機能的で絵を描きやすいからである。帯はウエストを調節しやすいし、ズボンよりも歩きやすい。だから、和服を選んでいるのである（和服の下につけている赤ふんも同じである）。

ただし、正式なパーティーで着物を着るのは、喜ばれるからだ。モナコでは王室に呼ばれるが、着物で来てもらえるとうれしいと言われた。もちろん、こうした場面でも着物は使いたいと思っている。日本人としての、光である。

18

ピカソは『ゲルニカ』を笑いながら描いていた

ピカソの代表作のひとつに、『ゲルニカ』がある。彼の祖国スペインのゲルニカが、ドイツ空軍から受けた無差別爆撃をテーマにした作品だ。戦争の悲惨さ、理不尽さがモノトーンの狂おしいタッチで描かれている。

『ゲルニカ』について、少し驚く話を聞いた。ピカソと私のことしか評論しない、ピエール・デックスという美術評論家が言うには、ピカソは『ゲルニカ』を笑いながら描いていたというのだ。

戦争で、自分の祖国がめちゃくちゃになってしまった。だが、もう怒りなんか出したって、取り返せないものは取り返せない。それでピカソは諦めにも似た境地で、

「戦争をやったバカどもめ」

と、嘲笑しながら『ゲルニカ』を描いていたというのである。

そんなピカソは、画家でもあるが思想家でもある、とつくづく思う。『ゲルニカ』はその後、一時ニューヨークに渡り、40年近く経ってからスペインに戻るなど数奇な運命をたどったが、今なお世界中で反戦のシンボルであり続けている。ピカソは常に、未来を見ているのだ。

しかし、一筋縄ではいかないのがピカソ。この反戦の絵は、女たちがピカソを巡って大げんかしている横で描かれたとも言われる。実際、怒り狂い、泣き叫ぶ彼女たちの姿が絵の中に描き込まれているのだ。

一般に、研究家たちによれば、ピカソには9人の女がいたと言われているが、実はもう1人愛する女がいた。それが、私をピカソに紹介してくれた、彼の親友・ピニョンの妻、エレーヌ・パルムランだ。ピカソが彼女と交際していた期間はないと思われるが、私は、ピカソが最も愛していた女性は彼女ではないかと思っている。好きで好きで、エレーヌに何か言われると、ピカソはすぐに彼女のもとへ飛んでいった。

ピカソには莫大な資産があり、恋愛も十分すぎるくらい楽しんだが、それゆえに女性問題につぎこんだ慰謝料も莫大であった。**フランスは、芸術家がチャリティをするのが当たり前の国**だ。ピカソの女性遍歴がここまで華麗、過激でなければ、彼は、かなりの規模のチャリティができたのではないかと思う。

私は結婚していない。そのため、子どももいない。その意味では人生自由だが、ある意味社会に貢献できていない。だから、世のなかの子どももみんなを自分の子どものように思っているし、家に呼んだりしてチャリティ的なことも行っている。

そのほかにもチャリティ活動はしている。若い頃から、フランスのチャリティ精神は本当に素晴らしいと思っていたからだ。

コルシカに行ったばかりの頃、ガンの子どもたちを救おうというチャリティに呼ばれた。喜んで参加し、絵を描いた。もっとも、若い頃は、大きなチャリティには貢献できなかったけれど。

もとよりフランスでは、芸術家の成功というのは、必ずしも作品が高く売れるとか、有名になることではない。心の余裕がもてるようになるということなのだ。そして彼らは、数百年後にその作品が、どんな影響を人々に与えるかを考えているのだ。

私自身が慈善、奉納を喜んで受けるのは、勉強にもなるからである。日本

Matsui's view

芸術では心の余裕を手に入れ、未来を見つめてほしい

でも、私の絵を知ってくださっている方をきっかけにご縁をいただいた、京都の上賀茂神社で絵を描いている。

また、神田明神にできた文化交流館にも奉納をさせていただいている。ひとつは、高さ2メートル50センチ、幅10メートルの『光の森』(口絵参照)という作品だ。大きな絵が、カーテンのように大きな窓の手前に現れるしくみになっている。訪れた方は、驚かれるようである。私の描いた絵によって、多くの人が集まったり、そこから何かが生まれたりするようなことがあれば、とてもうれしい。

チャリティであっても、画家は命をかけて描かなければならない。それは、お金や名声のためとも違う。信頼のおける人から頼まれれば、命がけで描くだけだ。

19 ピカソから受け継いだ「ブルー」のバトン

ピカソが19歳のとき、彼の親友だったカルロス・カザジェマスが自殺してしまうという事件が起こった。ピカソには「青の時代」と呼ばれる、青を基調とした悲しげな絵画の一群があるが、この一件がその契機になったと言われている。

青の時代は最も良い時代と言われ、彼の大きな功績のひとつとなったが、一方でピカソ自身には悩みもあったようだ。あるとき、彼からこんなことを言われた。

「オレは、どうしてもブルーを明るく描くことができない。モリオ、お前は太平洋から来た。だから、明るいブルーを描け」

太平洋から来たからとは、面白いことを言うなと思った。以来、私にとって、**青でピカソを乗り越えることがひとつの目標**になった。しかし、私は天才ではない。それは謙遜でもなんでもない。ピカソのような本物の天才と一緒にいれば、すぐにわかることだ。だから、すぐには自分の青を描くことはできなかった。悩みながら、少しずつコツコツと描いていった。

青といえば、やはり海と空。56歳のときに移り住んだコルシカ島は、海が驚くほど美しい島だった。私は折に触れ、青の表現を追い求めた。模索していくなかでとてもうれしかったのは、コルシカの海で珊瑚を採る漁師からもらったこんな言葉だ。

「君の絵は青が深い。青といっても、人間が陸の上から海を見て感じる青と、オレたちが海の下から見上げる青は違う。君の絵は下から見上げた青だ。深さがある。そんな青を描いた画家はいない」

その後も、世界をまわりながら自分の青を模索し続けた。そうして少し前、ついにそれが完成する瞬間があったのだ。

私が武蔵野美術大学に通っている時代から付き合っている、日本のアーティストがいる。ジャズピアニストの山下洋輔さんである。彼とは長い付き合いで、フランスに来てくれたときに、パリ・ジャズ・フェスティバルに出てもらったこともあった。コルシカに移るときも、いち早く訪問してくれた。そうして忙しいなか、私に捧ぐ、という形で「耳をすますキャンバス」というCDもつくってくれた。

2020年11月、コロナでフランスに帰れなくなった私は、50年を超える交流で初めて彼とコラボレーションすることになった。

それが、ブルーノート東京で行われた「山下洋輔ミーツ松井守男」だった。山下さんがジャズを奏でている間、私はライブペインティングを行う。これをジャズの殿堂で行わせてもらうことができたのである。

ステージ上にセットした高さ2メートル15センチ、幅10メートルのキャンバスに絵を描いた。以前完成させた、同じく幅10メートルの『ヨースケ・ヤマシタ』『ピカソ、ダ・ヴィンチ、ヨースケ・ヤマシタ』に続く、『ブルー・ルネッサンス』(口絵参照)だ。

私はこの作品で、自分の青を思いきり表現した。描きながら、やっと到達できた、という思いがあった。50年を経て、ついに松井ブルーが、このコラボレーションで爆発したのである。

この作品は、私にとって、もうひとつの到達点となった。念願の山下さんとのコラボレーションが実現したということだ。作品には、山下さんに対するありがとうの気持ちと、頑張ってやってきた自分への思いを込めた。

ずいぶんかかったが、ピカソからの宿題がやっと解け、私はほっとした。コツコツやってきてよかった。ピカソは亡くなってしまい、見せることができなかったことは今も悔やまれる。しかし、その悔しさがあるから、また新しく絵が描けるだろう。

『ブルー・ルネッサンス』も海と空を表現したものだ。もちろん、青から連想するものということもあるが、それ以上に込めた思いもある。

海と空は世界中どこにも通じているのだ。それはとても美しく、素晴らしいことだが、通じているということは、逆に、悪意のある誰かが変なものを一滴でも投じたら、世界中にまわってしまうということでもある。そういう危険性もあるのだ。**絶対的に美しいもの、世界にとっての共通財産を危機から守ること。それも、アーティストのひとつの役割**だと私は考えている。

Matsui's view

苦悩もアートに昇華せよ。アートで世界を危機から守れ

20

最後までサインがバラバラだったピカソ

ピカソに関してもうひとつ、忘れられないエピソードがある。画家は絵にサインを入れるが、ピカソのサインはいつもバラバラだった。

多くの画家が、サインを自分の絵の証明として記す。したがって、サインは基本的にはいつも同じで特徴的なものになる。日本画でも、たいてい右か左に落款印を押す。落款印は何種類か持っている人もいるが、印鑑なので都度変わるわけではない。

ところがピカソの場合は、ひとつとして似たようなサインがなかった。

一般的に、ピカソのサインがバラバラだった理由は、次のように言われている。画家はサインをして絵を描き終える。しかし、良い作品というのは、サインをしたところから始まる。つまり、画家の手を離れたあとも絵が成長していく。だから、それを願って、ピカソはあえてサインにこだわらなかったのだ、と。

しかし、これは表向きの理由である。

ピカソのサインがバラバラだった本当の理由は、ピカソが**サインも絵のひ**

とつと考えていたことにあるのだ。

だから、絵が変わるようにサインも変えていたのである。ピカソは絵だけでなく、サインにも時代があった。サインも含め、作品として責任をもっていたのだ。

ピカソは私にこう言った。

「なぜ、日本の文字は美しいのに、日本の油絵画家はみんな、ローマ字のサインしかしないのだ」と。


言われてみれば、そうである。以来、私は「Morio MATSUI」とローマ字でサインしたあと、「松井守男」と漢字でも書くようになった。もちろん、絵によってローマ字だけにするときもあれば、漢字だけを書くこともある。書く位置も、絵によって変えている。サインも絵のひとつであり、絵に合わせて最良のものにすべきだ――これも、ピカソから教わったことのひとつだ。


彼から教わったことは、まだある。

芸術は、苦痛や苦悩から生まれる。先にも書いたように、ピカソも親友の自殺を経て、「青の時代」をつくり出した。だが、明るいブルーが描けないと悩んでいたピカソは、こんなことも言っていたのだ。

「美術史を見ても、画家といえば空腹、貧乏、自殺、そんなのばっかりだ。ゴッホなんて、生きているときは苦しみの連続だった。死んでから大々的に名前が売れるなんて、オレはまっぴらだ」

実際、そういう画家は多かった。だから、苦しみを創作に活かしながらも、ピカソは人生を楽しみ尽くした。生きているときに世界的に有名になり、大金持ちになり、妻も愛人も好きなようにもった。

アーティストは苦痛をバネにするが、生きることをもっと楽しまなければならない。これが、ピカソから教わったもうひとつの真理である。アーティストは芸術に触れているだけで幸せなのだが、苦しみも、悲しみも、喜びも味わい、それらすべてをひっくるめて、人生を楽しみ、味わい尽くすべきである。

ピカソは、あらゆるところにヒントを残していってくれたのだと思う。5年間というわずかな期間ではあったけれど、ピカソと過ごせた日々の重みを今なお感じる。

ちなみに、あれほど一緒にいたのに、一緒に写った写真がないではないか、と日本でよく聞かれた。しかし、フランスでは誰もそんなことを聞かなかった。ピカソの親友のピニョンにも「ピカソとのプライベートの写真は撮らないように」と言われていたこともあるが、私自身、史上最高峰の巨匠相手に一緒に写真を撮ろうなどということは畏れ多く、思いつきもしなかった。

今もなお、ピカソは私のなかで強く生き続けている。手を動かしているのは私自身だが、その教えはすべてピカソの教育だと感じているからだ。自分自身でピカソの弟子などというのは畏れ多いが、長い年月を経て、いつか歴史が「ピカソの弟子だ」と認めてくれたら、こんなにうれしいことはない。

慣例や常識に縛られず、人生を楽しみなさい

column

フランスの人生処方箋

松井守男の好きな格言②

～為せば成る～

Vouloir, c'est pouvoir.

コルシカのアトリエにて／ロール状のものは、5メートル幅の作品

ピカソは「お前はオレを見ても、目が動かない。お前はきっとオレのようになる」と言ってくれたが、それは「やり通す目だ」という意味だったという。結局すべては、できるかできないかではなく、やるかやらないか、だ。

日本でアートについて学ぶときに、知っておいてほしいこと

第3章

21 そもそもアートの位置づけがかなり低い日本

フランスでのチャリティ的なもの、芸術家の社会貢献としても位置づけられるものに、子どもたちをアトリエに招き入れるという取り組みがある。

先に、フランスでは祖父母が孫を連れて絵を買いに来ると書いたが、審美眼を磨く場は家庭だけではない。学校も全面的にバックアップする。アーティストのアトリエ訪問もその一環。子どもたちはアトリエを覗けると、とても喜ぶ。

フランスはサッカー強国でもあり、子どもたちはサッカーが大好きで、週末、サッカーをやっている子どもも多いが、練習の前後に美術館を訪問させる大人は少なくない。サッカーもするが、美術館にも定期的にみんなで行くのである。そして、本物を見るのだ。アトリエ見学は、その延長線上にある。私もコルシカのアトリエに、たくさんの子どもたちを迎えてきた。


私のコルシカのアトリエからは、きれいな海が見える。日本から大人の来訪者を迎えると、その反応は大きく3つに分かれる。とても面白いのだが、50人来れば45人は「うわぁ、素敵な海！」と目の前に広がる海にまず目が向かう。本当である。

残りのうち3人は、こんな反応だ。「どこで絵を描いているんですか?」と。なぜなら、油絵の匂いがしないからである。コルシカは空気が乾いているので、油絵の絵の具がすぐに乾く。だから、独特の匂いがしないのである。そして、あとの2人が絵に目を向け、「ああ、絵ですね!」となる。残念だが、これが現実である。

フランスの子どもたちの反応はまるで違う。全員が、絵に向かってまっしぐらなのである。幼稚園児でもそうだ。幼い頃から、フランス人はアーティストのアトリエに行く機会をもっている。芸術家と親しくなりたい親たちは、子どもを連れてアトリエを訪れるし、まだ若い芸術家であれば、その後も長い付き合いができるよう、親しくなるきっかけにする。芸術家と一緒に成長していく場にするのである。だから、**子どもたちは、とにかく絵に関心がある**のだ。

私も、美術学校時代に親しくなった人が、たくさんいる。今も、ご縁は続いていたりする。若い頃も、たくさんアトリエ訪問を受けた。それが当たり前だったし、見てもらってやましいものは何もない。しょっちゅう訪問を受けていた。日本では、アトリエ訪問はあるのだろうか。それこそお弟子さんがたくさんいるようなアトリエだと、なかなか訪問は難しいかもしれない。幼稚園児をたくさん迎える、などというのは無理だろう。子どもたちも、慣れていないからである。

フランスの子どもたちは、芸術家や絵の大切さを教え込まれているので、絵を汚したり壊したりするなどのトラブルは、まず起こらない。海の景色よりも絵に目が向くのもそうだし、アトリエの空気を存分に楽しんでいる。

今も覚えているのは、こんなことを言い出した子どもがいたことだ。

「光いっぱいの森に迷いこんじゃったみたいだから、このままベッドを置いて眠りたい」

なんて、素敵なコメントだろうと思った。子どもの感性に感激した。

大勢の子どもたちが、真剣に絵を見つめている姿は、なんとも可愛らしい。そして、普通のイーゼルに置いてある絵を見つけると、私にこんなふうに尋ねてくる。

「マエストロ、そばに行って見てもいい?」

そして、イーゼルの前でじっと絵を見つめ続ける。触ったりすることはまずない。

一方で、日本人が残念だったのは、アトリエに来た人だけではない。ある神社に奉納した絵は、ちょうど催しものがよく行われる場所の入り口近くにあった。絵が大きいので足元付近まであるのだが、たくさん来場者がやってきて、絵の下のほうに泥がついてしまったと謝罪を受けたのである。私は奉納させていただいただけである。とやかく言うつもりはまったくない。ただ、フランスでは絶対にこんなことは起こらない。

← Matsui's view

ヨーロッパの芸術の地位は日本のそれとは違う

芸術というのは財産だという教育を、幼い頃から受けているからである。**フランスはもとよりヨーロッパでは、芸術を大事にすることも教育になっているの**である。

22

認められようとばかり思うからいけない

私がフランスに渡った頃、フランスにとって、日本ははるか遠くの異国そのものだった。東京オリンピックはすでに行われていたが、日本がどこにあるか、知っている人は多くはなかった。それこそ、中国と日本を混同している人もいた。初めて学生ビザをもらいに行ったとき、窓口がどこにあるのかを役所で尋ねると指さされた。「アフリカ」の横に「アジア」というプレートがあり、一括りだった。

きっと貧しい国から来たんだろう、と学生食堂では、嵩ばかりあっておいしくもない、一番安い食事を、善意で押しつけられたりもした。「どうせ故郷では満足に食事もできなかったんだろう。食べろ」と。

しかし同時に、そんななかでも私がフランスに居続けられたのは、駆け出しの学生でも芸術家の扱いをしてくれた、フランスの芸術至上主義文化のおかげである。

そして苦しみながらも、次第に認められていくことになるのだが、その過程でわかったことがひとつある。それは、**認められようとばかり思ったところで、認めてもらえるわけではない**、ということである。

誰しも認められたいと思うだろう。しかし、認められようと思うから認められないのだ。そうではなく、人を感動させることだけを考え続ける。それをひたすらやっていたら認められたのである。結果はあとからついてくるものだ。

やってはいけないのは、評価を気にすることだ。やたらと人の評価を気にする人がいるが、人の評価を得られたからといって、人を感動させられるわけではない。**「上手」が、必ずしも人を感動させられるわけではない**ように。

象徴的なのは、コンクールだろう。音楽の領域でも、日本人はコンクールが得意である。世界的なコンクールで1位をとるなんてことも、珍しいことではない。しかしその後、演奏家として大成した、という人は残念ながらごくわずかではないだろうか。

その理由は、コンクールで1位をとることが目的になってしまっているからである。コンクールにおいての「上手」を目指してしまい、人から評価されることばかりを考えているからだ。

芸術家としての人生は長い。若い時代のコンクールだけで、すべてが決まるわけではまったくない。コンクールで賞をとったところで、その後も長く続く保証はどこにもない。にもかかわらず、コンクールにこだわる。

日本に何度か帰国するようになってから、日本の大きな発展を知った。世界第2位の経済大国となり、国としての自信もつけただろう。フランス人も、日本の存在を知るようになった。空中を走る高速道路など、技術大国の側面も理解されるようになった。

興味深かったのは、その発端が日本で開催された国際学会だったりしたことだ。そこに行った先生方が、真の日本の姿を見て、フランスで喧伝してくれたのである。

ただ、日本が培った自信はアートには向かわなかったのだと私は思っている。コンクールはその象徴だ。なぜなら、コンクールは自信がない人がやるものだからである。本当に自信がある人は、コンクールになど出ない。

芸術家としての自分に自信があれば、人の評価など気にしない。そもそも審査員が、評価者として完全なわけでもない。実際、とんでもない高評価を社会から受けた作品が、コンクールではまったく表に出てこないことも少な

コンクールで1位をとっても人の心は動かせない

くない。

それこそ、芸術家としてうまくいかなかった人が審査をしている場合だってある。本物の芸術家には、そんな人に評価をしてもらう時間はないのだ。政治的なしがらみが影響する場合だって、ないとはいえない。最初から、ある程度結果が決まっている出来レースだってある。なのになぜ、コンクールに出たがるのか。それは、手っ取り早く認められる場だからではないか。

こうすれば点はもらえ、ああすれば加点され、これをやると減点される、ということがわかっているからではないか。要するに答えが見えているのだ。しかし、いくらそれを完璧にこなしたところで、感動は生まれない。

必要なのは、感動なのだ。それは、認められようという意識を、あえて外すことから生まれると私は思っている。認められよう、なんらかのお墨付きをもらおうという人が、日本には多すぎる。

23 アメリカ式が世界で認められるとは限らない

第二次世界大戦後、負けた日本が受け入れたのは、アメリカ式だった。これは、日本をよく知るフランス人が残念がるところだ。その象徴が100ドルのものを99・99ドルと表示する、あのやり方だろう。ほぼ同じなのに少しでも安く見せようという魂胆。極論を言ってしまえば、ビジネスがすべて、お金がすべてということだ。

フランスは、アメリカ式を好まない。そしてフランスに来て知ったのは、ヨーロッパにいるとアメリカは小さい存在になっているということである。アートの世界では、フランスは世界的な評価をもっているわけだが、アートというとアメリカのアート市場を思い浮かべる人も多い。しかし、両者はまったく似て非なるもの、というのがフランス人の考え方である。

アメリカのアートは、最初から完全なビジネスであり、お金が第一という面が否めない。人々の心を豊かにし、感動を与えられるかよりも、アートの投資市場で受け入れられるかが重視される。投資市場で受け入れられたものは、どんどん値が上がる。しかし果たして200年後、300年後に今の価値を保っているかどうか。

そんなことがどうして言えるのか、と思われるかもしれないが、少なくともアメリカが芸術家をどう扱っているか、私には実体験があるのである。

あるユダヤ人協会のパリ支部の会長とともに、そのニューヨーク支部の会長のもとを訪れ、著名な画廊、カステリ画廊を紹介されたことがある。

訪れてみると、そこで最初に聞かれたのは「君はこの絵を続けるのか？」だった。先にも書いたように私にはスタイルはない。ピカソ同様、常に自由に好きなものを描いていく。しかし、もしアメリカで成功したいなら、スタイルが必要だと言われた。もっといえば、言われたとおりに、同じような絵を描き続けること。そのほうが売りやすく、高値がつくからである。実際、毎年、値段を上げていくと言われた。

アメリカは19世紀末から経済的に発展し、20世紀には最大の経済大国となった。しかし、文化、芸術の面ではヨーロッパ、特にフランスに対してコンプレックスがあった。それも手伝い、20世紀になってから、その経済力で多くの美術品や名画を買い集めた。また、経済発展でビルがどんどん建ち、絵が必要になった。

当時彼らが買い集めたのは印象派の絵画や、ヨーロッパで権威のあったルネッサンス絵画だ。だが、印象派は高額なうえ、サイズが小さい。広いビルに飾るには不向きだった。一方、ルネッサンス絵画はキリスト教への信仰がベースだ。アメリカは、経済的にもユダヤ教徒が大きな力を握っているので、キリスト教信仰を描いた絵画には抵抗感を覚える人たちもいるだろう。

そうした経緯から、ニューヨークのアート市場は、印象派でもルネッサンス絵画でもない、新たなアート、コンテンポラリーアートに舵を切っていったという背景がある。

つまり、アートに対しては、いかに生み出すか、心を豊かにするかということより、その発端からお金と深い関係があったのだ。そんなふうに生まれたアートが、長い年月を生き残れるだろうか。何より、アートにとってもアーティストにとっても、幸せとは言えないのではないだろうか。

しばらくして、前述のカステリ画廊の方が言ったのだ。「あなたはフランスに帰りなさい」と。私は無視か何かされたのだと思った。ところが、あとでパリのユダヤ人協会会長が彼と話したところ、こう言っていたというのだ。

「あの人は殺してはいけない」

アメリカのアートは、経済主導で動いている。とても怖い世界ということだ。実際、ウォーホルしかり、バスキアしかり、ひどい亡くなり方をしているアーティストも多い。すべてがその理由とはいえないだろうが、そういう側面があるのは否めないだろう。私は命拾いしたのかもしれない。ありがたいことだった。

ここまで強烈ではないが、日本は美術界でもアメリカ式を受け入れた。芸術家発ではなく、ビジネス発の発想だ。私が最も驚くのは、『美術年鑑』に掲載されている、サイズあたりの絵の価格である。1号いくらと、サイズによって価格が決められているのである。そんなバカげたことがあるだろうか。

アートに、お金から入るべきではないのだ。

Matsui's view

お金発のアートとの付き合い方から、一旦離れよ

24 メディアが堂々とウソをついている日本

以前、たまたま日本に滞在していたときに、フランス人の友人から連絡があった。

「モリオ、まだ生きているのにルーブル美術館で展覧会をした、という日本人がいるらしいね。日本でニュースになっているって」

私は仰天した。それまでルーブル美術館では、存命中の芸術家の展覧会をやったことはなかったからである。唯一の例外はピカソだった。当時90歳。初めて、生きている人が展覧会をしたとフランスでも大きな話題になった。ところが、ピカソに次いで、存命中ながらルーブル美術館で展覧会をした人物がいるという。しかも、日本の若いタレントだというのである。

日本にいたのでテレビを見てみたら、本当にそのニュースをやっていた。ルーブル美術館で初個展、という大きな扱いである。新聞にも掲載されているとのことだった。

だが、そんなことはありえないと私はわかっていた。仮にお金を積んだところで、フランス人がそんなことを許すはずがない。実際、NHKのニュースだけが事実を報じていた。ルーブル美術館ではなく、ルーブル美術館の

〝関連施設〟で初個展、と報じていたのである。

そもそも、ルーブル美術館で個展ができるはずがないのである。ルーブル美術館に向かう途中の商業施設を借りて、その個展は行われていた。ルーブル美術館ではなく、ルーブル美術館の近くで、が正しい報道なのだ。なのに、日本のメディア、しかも大きな影響力をもつ民放テレビや新聞が、堂々とウソを報じていたのである。

若いタレントを非難するつもりはまったくない。彼自身が、どこまでルーブル美術館の価値を知っていたのかは知らない。ただ、ルーブル美術館で個展をする、という表現がいかに危険なものであったかは、知らなかったのだろう。

おそらく自分は絵を描いただけで、周囲が色々なものを用意するがままに乗ったのだろう。その意味では、そんなふうに報じられて、お気の毒としか言いようがない。そんなことがあるはずないと知っている世界のメディアからすれば、「何の冗談だ？」という話だからだ。

それよりも問題は、まったくのウソを日本中に広めていたメディアにこそある。少しでも調べたら、事実ではないということはわかったはずなのだ。現地に取材に行っていたメディアは、なおさらである。

それなのに、堂々とウソをついた。そう言ったほうがインパクトがあると思ったのか。ニュースバリューになると思ったのか。ニュースとして売れると思ったのか。

まさにここでも、お金からの発想である。ほとんどのメディアが、そんなものに絡めとられ、とんでもないウソをついたのだ。影響力ある立場の行動としては、あまりに軽率である。

なかには、この報道がウソだと気づいていた日本人もいたようだが、気づかなかった人も多いのではないだろうか。もし、この報道を本気にして世界に出ていった人たちが、「若い日本人がルーブル美術館で個展を開いた」などと語り始めたら、どうするつもりだったのか。

アートを知る人たちは、そんなことがありえないことを知っている。結果的に、そんなふうに世界で語り出した日本人は大きく信頼を損なっただろう。ウソを言う人間というレッテルを貼られてしまったかもしれない。

考えただけでも恐ろしくなる。メディアの人間は、そこまでの事態を想像できていたのだろうか。

逆にいえば、**アートについて本当のことを知ろうと思うなら、よほど気をつけなければいけない**ということだ。メディアの報道にはウソが含まれている恐れがあり、そのまま鵜呑みにしてしまうと完全に間違えることにもなりかねないからだ。

それは、日本の絵の専門家についても言える。私が信用するのは、きちんと世界を見てきた専門家である。世界標準で、価値を見抜くことができる専門家である。

日本でアートを学ぶときには、こうした状況があるということに気をつけなければいけない。

Matsui's view

メディアの報じることを鵜呑みにするのは危険

25
「日本にはもう行かない」とピカソが言った理由

メディアといえば、こんなことがあった。私を取材してくれていた大手新聞の記者がいたのだが、あるときフランス大使館の後援で、東京で、コルシカの画家を連れて展覧会を開いたことがあり、その記者を呼んだ。ところが、「私はもう美術担当ではないから」と言われてしまったのである。聞けば、部署を異動したのだという。事情はわからなくもない。しかし、せっかく美術担当として経験を積んできたのに、いともあっさりと「もう担当ではないから」と言われてしまったのには驚いた。

フランスではまずこんなことはない。そもそも美術担当はプロフェッショナルである。社内で部署が異動したから、などという理由は聞いたことがない。社会に大きな影響力をもつプレスには、大きな責任があるのだ。

なるほど、プレスはこの程度の感覚なのか、と思わざるをえなかった。

こんなこともあった。五島列島のアトリエに取材に来た別の大手新聞の記者は、とにかく時間を気にしていた。聞けば、ご贔屓のアイドルグループの握手会に行くのだという。40代半ばの男性記者が、である。どんな趣味をもとうが、それは人の自由だ。しかし、本気で芸術に取り組んでいるアーティストの取材に、アイドルの追っかけをしているような、とてもプロとは思えない記者がやってきて、驚いてしまった。

それほどアイドルが好きなのであれば、芸能記者をすればいいと思うのだが、そうはいかないのだという。会社の命令で担当が決められてしまうからである。これで果たして本当にきちんとした芸術の記事が書けるのか、私は心配になってしまった。

また、2008年に、銀座のシャネル・ネクサス・ホールで私の個展をやった際、フランスからもベルネーム＝ジュンヌ画廊が来ていた。印象派の画家を世に多く紹介した、パリの有力画廊だ。だが、このとき、日本の新聞社は1社も来なかった。聞けば、画廊の名前を聞いたことがないから、という。

「さすがにこれは」と私は危機感を覚えた。

日本の芸術は大丈夫なのか、と思わされたのは、これだけではない。偶然、あるテレビ番組で藤田嗣治が取り上げられていたのを見ていたのだが、学芸員と名乗る男性が、藤田の絵を解説していたのである。あの線はこれで描いている、などと。

フランスではこんなことはありえない。藤田が描いているところを誰も見ていないからだ。そんなことを語る権利は誰にもない。芸術を知っているはずの学芸員が、大きな影響力をもつテレビでこんなことをしているのか、と驚かざるをえなかった。

こうした風潮も、戦後のアメリカ式が大いに影響したと私は考えている。何はともあれお金であり、ビジネスだということだ。支持されればそれでいい、と。そして実はこうした空気は、かなり早いタイミングで、日本では始まっていたようだ。ピカソが語っていたのである。日本には行かない、行きたくない、と。ピカソは初めて日本にやってきて、銀座を歩いていたら、びっくりするものを見たのだという。「オレを真似した、どうしようもない絵が何億もの値段で売られていた」

ピカソはとても寂しそうだった。日本の浮世絵や春画はピカソにも影響を与えていた。日本の伝統文化は、彼にとってもリスペクトする存在だったのだ。ところが、現代の日本に来てみたら、信じられない光景が広がっていたというのだ。だから一般的に、ピカソは来日したことになっていない。本当は来ているのである。

Matsui's view

日本では、芸術も芸術家も大切にされていない

言葉は厳しいが、**日本では芸術が軽んじられている**ところがある。フランスでは、プロフェッショナルとアマチュアは厳密に分けられている。有名タレントが芸術をやるのは構わないが、フランス人はそう簡単には認めない。名前でなく、彼らの審美眼によって作品だけを見る。展覧会やイベントなどに、コネだけで呼ばれるようなこともあまりない。無名でも、力があると思われれば呼ばれる。逆に、著名なアーティストであっても、良い作品でなければ展覧会や音楽会、公演などで途中退席されることもしょっちゅうだ。**感動できるかがすべて**なのだ。

そう考えると、日本では残念ながら、芸術や芸術家が大事にされているとは言いがたい。甘くてゆるく、ラクな部分もあるだろう。だが、芸術自体は尊重されていないし、こんな環境では育ちにくい、と言わざるをえない。

26

中学から、才能が殺されてしまっている

日本に帰国すると、ときどきワークショップのようなものに呼ばれるようになった。弟子をとったり、定期的に教壇に立ったりすることはしないが、子どもたちにときどき教えることはとても大切なことだと思い、応じてきた。フランスでも、そんな場をもった。

フランスでも日本でも、子どもたちの感性というのは本当に素晴らしい。純粋で、美しくて、なんといっても大胆。私もハッとさせられることは何度もあった。

だが、日本で教える機会をもらったとき、驚くべきことが起こった。ある小学校でワークショップをしたとき、嫌いな色で描いてみよう、と声をかけると、黒の絵の具を出した男の子がいた。

ところが、なんだか居心地が悪そうだったのである。どんな色でもいいんだよ、と私が言ったところ、彼がそっと教えてくれた。

「先生が、黒は色じゃないから使ってはいけないって」

私は仰天してしまった。黒は色ではない？　それなら、日本の水墨画は何色で描かれていたのか。あれは色ではないのか。

後に少し調べてみると、教育委員会から先生に指示が出ていたことがわか

った。とんでもない指示である。

だが、どうして指示が出ていたのかというと、小学校までは先生が専門領域をもたないからである。先生はどの教科も自分で教える。美術を専門領域とするわけではない。だから、教育委員会が指示を出していたのだ。

逆に、教育委員会が指示を出していないところでは、小学生の子どもたちは、美術が専門ではない先生のもとで、比較的のびのびと絵を描いていることを知った。余計なことを教えられないから、自由な発想で描ける。

問題は中学に入ってからである。中学になると、それぞれの教科は専門領域をもった先生たちが教える。美術には、美術大学などを出た、美術の教員免許をもった先生がやってくるのだ。もちろん、優れた先生もいるのだろう。しかし、自分の学んできたことに縛られて、**子どもたちの感性を奪ってしまう先生がいる**ということを知った。私が仰天したのは、ある風光明媚な地方都市での授業を見学させてもらったときのことだ。有名な画家に学んだ先生だという。若い女性だったのだが、彼女はこう言ったのである。

「みなさん、写真を撮ってきてください。それをもとに絵を描きましょう」

授業を見学する前、私は校長と話をして、「いつでも授業をやりますよ」と言っていたのだが、こう返されていた。「ご厚意はありがたく存じますが、我が校には東京の有名な画壇出身の先生がおられますので」

それが「写真を撮ってきて」と言った先生だった。目の前に素晴らしい自然が広がっているのに、なぜ写真を撮るのか。理解できないことだった。

その後、子どもたちにも話を聞く機会があったのだが、描いても先生に絵を直されてしまうのだという。「こんな絵ではダメだ」と言われてしまうというのである。

私は絶対にそんなことはしない。**絵に正解などないのである。絵を直せるとしたら、神様だけである。絵を大人が決めつけてしまうと、子どもたちは苦しむ。**

こんなこともあった。海や山が広がる場所に写生に出かけたとき、一人の少年に私の目が留まった。ほかの学生たちが当たり前に海や山を描くなか、一人、波止場のコンクリートが割れているところから出ていたタンポポを描いていたのである。

私が「とてもいいよ」とほめると、彼は悲しそうな顔をして言った。

絵に正解はない。絵を直せるのは神様だけである

「先生からは叱られました。タンポポなんて、どこでも描けるって」

自分だけに見える世界を大事にすることは、芸術の第一歩だ。だが、現在の日本の美術教育では、そこから壊されてしまう。特に中学校以降の正解主義が、子どもたちの才能を殺してしまう。先生たちも、正解主義に洗脳されているのだ。

しかし、悪いのは先生たちばかりでもない。私は世界の色々な国の子どもとワークショップをしてきた。海外の親たちは基本的に子どもに自由に描かせる。すぐに「ダメ」とかなんとか口出しするのは日本の親だけだ。実際、子どもたちが「うまい、下手」を気にするのは日本くらいである。

そして**芸術は「うまい、下手」で決まるわけではない**。その基準が、芸術家の大きな可能性を削いでしまっている。

27

芸術を選べる子どもはもっといるはず

地方都市で教えていた若い女性の先生とは、その後、話をする機会を得た。私はきちんと話をしなければいけないと思った。だから、私から話をしたいと申し出た。

会ってみると、人間としてはとても良い人だということがわかった。でも、おかしな論理に洗脳されていた。地方都市に東京の芸術を叩き込まなければいけないと思った、というのだ。そうやって、コンクールに強い子どもたちを育てることが、自分の役割だと思っていたのかもしれない。そうでなければ、日本では生きてはいけないということなのだと私は感じた。

本当は画家になりたかったのだと思う。ところが、画家だけでは生きていけないから、先生になった。そうすると、教育委員会をはじめ、さまざまなしがらみにとらわれることになる。先生もまた、苦しんでいたのである。

私は子どもたちの絵を見るとき、**描かれているものの表層だけを見るわけではない。その絵に潜んでいるもの、もっと言うと、その絵に潜んでいる子どもたちの純粋な心を見る。**それこそが、芸術家にとっては一番大事なことだからだ。

たとえ、どんなにうまいものが描けても、それは表面表層だけの話に過ぎない。絵の中に何が潜んでいるのか。そこにキラリと光る何かがあるか。それこそが、芸術家には問われるからである。そして、その素地をもっている子どもたちは、日本にも大勢いるはずなのだ。

芸術家の役割とは何か。私は大義名分はいらないと思っている。必要なことは、極言すれば**芸術家自身が幸せである**こと。その幸せが絵に潜んでいることだ。

自分が幸せになれば、余裕が出てくる。だから、人を幸せにすることができる。自分が幸せだからこそ、人を幸せにできるのだ。もっといえば、自分が幸せにならなければ、人を幸せにすることなどできない。

幸せになれる人は、世のなかにはそれほど多いわけではない。多くの人が、自分は幸せではないと思っている。苦しい状況に身を置いている。もっともっと幸せになりたい、そこに近づきたいと思っている。

だが、一口に幸せといっても色々ある。考えようによっては、芸術家は、芸術家というだけで幸せなのである。ほとんどの芸術家は、好きだから芸術をやっている。つまり、好きなことをして生きている。それだけで十分幸せなのだ。

多くの人が、好きなことをやれずに、本意でないかもしれない仕事で、気がついたら月給をもらうようになっている。だから、芸術家しかり、好きなことをやれている人は、その時点でまず幸せなのだ。

そして自分が幸せだからこそ、人のことも幸せにできるのだと気づかなければいけない。その道を選んだことを本人は後悔しないだろう。生きている間に世に名前が出ない、などということは、どうでもいいことだと気づけるだろう。現世の世界はわかってくれないのだ、と思えるようになる。いずれ未来に、わかってくれる人が出てくるかもしれない。

そんなことよりも、**芸術を選べたということだけでも、とんでもない幸せ者**なのである。

だが、日本では今でも、子どもが美術や音楽、芸術の道に進もうとすると不安を覚える親が多いと聞く。芸術に惹かれながらも進路に選べない子どもは、まだまだ多いのだろう。非常にもったいないことだ。

子どもを大人の尺度にはめようとすることに、私は怒る。子どもたちにはもっと自分を大切にしてほしいし、親や社会にはそのための度量をもってほしい。そうすれば、芸術を選べる子どもたちは、もっとたくさんいるはずだから。

自分の好きなことに打ち込み、幸せを感じられる人が増えれば、優れた芸術も増えていくだろう。そして、それらの作品は人の心を動かし、感動を与え、たくさんの人を幸せにしてくれるだろう。

自分を幸せにできるのは、自分しかいない。芸術家には、まずその気づきが必要だ。そのためにも自分を大切にしてほしい。それができないなら、きちんと戦ってほしい。

Matsui's view

子どもを大人の尺度にはめてはいけない

28

苦しみは芸術を生む原動力になる

フランスでは、故郷について苦しんでいる人に言う2つの言葉がある。ひとつ目は、キリストは生まれ故郷にほど近いエルサレムで殺された、ということ。キリストほどの人であってすら、地元では理解されず、石をもって追われた。大きなことを成し遂げようとすれば、苦しい状況は避けられない。そんなことより、自分がやるべきことを淡々とこなせ、と。

そしてもうひとつが、フランスを繁栄に導いた名大統領、シャルル・ド・ゴール将軍ですら、地元では石を投げられていた、ということである。2度もフランスを救うという偉業を成し遂げたにもかかわらず、外国に行き、自分の身だけを守ってきたのではないか、と非難されたのだ。

キリストやド・ゴールといった偉大な人たちでさえ、故郷では苦境に追い込まれる。ましてや、普通の人が何かに挑もうとすれば、苦しみに直面するのは当たり前ではないか、というのである。そして、こうした苦しみは芸術を生む原動力にもなる。

どうして、ヨーロッパでは世界の人々を感動させる芸術がたくさん生まれてきたのか。私はそこには、緊張感があることが要因として大きいと強く感じてきた。先にも書いたが、ヨーロッパの歴史は、本当に戦乱と革命の連続なのである。自国のことは自国で守ればいいではないか、というのは、島国の日本の発想である。国が地続きのヨーロッパでは、逃げようにも逃げられないのだ。そこで、幾度も悲劇が起きた。ヨーロッパの厳しさは、フランスに渡ってから教わった、この言葉に集約されていると思う。

「井戸に落ちたら一番下まで落ちなさい。そうすれば、あとは登るだけだから」

なんと厳しい考え方だろう。しかしそれが、ヨーロッパが味わってきた歴史のリアルなのだ。だからこそ、人を感動させ、心を震わせる芸術を必要としたのだ。芸術家もまた、苦しみのなかだからこそ、強くなった。ピカソからも教わったことだが、**苦しみが、芸術を生み出す**のである。だから、苦しい思いや、うまくいかないときをこそ、大事にしたほうがいい。

世界では、戦後のユダヤ人の苦しみはよく知られるところである。実はイスラエルができてから殺された人の数は、できる前に殺された人の数よりも多いのだ。ユダヤ人たちの強さは、そういうところにある気がする。彼らは、苦しむことを厭わず、価値をすら感じているように見える。そこから多くのものが生み出されているからだ。

新型コロナウイルスがやってきて、日本ではスーパーで買い占めが起きるなどパニックが起きた。我先にと人々が走った。しかし、フランス人をはじめ、ヨーロッパの人たちには、こういうときに笑って楽しんでいる人たちも多い。**苦しいこと、つらいこと、嫌なことを楽しんでしまう。それは、彼らにはアートがあるから、ということも大きいだろう。アートは「心のワクチン」**なのだ。

ひるがえって、日本ではどうだろう。コロナで自粛生活をしなければならないことはわかる。だが、内に内にと閉じこもりすぎて、心や身体を病んでは元も子もない。苦しいときこそ、もっとアートの力を活用してほしい。今こそ、「絵を描きましょう」と言いたい。紙と鉛筆があれば誰にでもできる。割り箸を木炭にして描いたっていいのだ。

Matsui's view

アートは心のワクチン

日本で、母校の高校で講演をしたとき、こんな質問を受けた。

「先生、どこの学校に入れるかわからず、不安です。どうすればいいでしょうか？」

私は、すぐに返答した。

「バカを言うのではない。一生懸命やっていないから、不安になる時間があるんだ」

私が講演した翌年、京都大学に4人が入った。一生懸命やっていれば不安になるような時間はない、ということに、多くの子どもたちが気づいたのだろう。

つらさから逃げずに、本気で苦しむ時間を大切にしてほしい。そんなときこそ、アートも生まれるし、人も成長するのだ。

29

本来の「個性」と「個人主義」とは

日本では、個性という言葉がもてはやされている。背景にあるのは、個性を手に入れれば、自分らしい生き方ができるという期待なのだろう。だが、日本は本当の意味での個性の教育ができていないと感じる。個性と似た言葉に「個人主義」があるが、2つは別物だ。また、日本の個人主義と、フランスの個人主義もかなり違う。

フランスに来て驚いたことがある。結婚して若い夫婦に子どもができると、当然、夫婦は子どもを可愛がるのだが、3歳を過ぎると愛情の与え方が変わるのだ。例えば、もう一緒に寝ることはない。家族で歩くときも、夫婦が腕を組んで歩いている後ろから、子どもがちょこちょことついていく。

子どもはもちろん幼いわけだが、この頃から親は子どもを「個」として捉えているのだ。子どもは子どもで、親たちは「夫婦」であり、いつまでも自分の面倒をみてくれるわけではない、と気づく。こういう経験を重ねていると、個性などという言葉の前に「個」はしっかり立つことになる。

そして、個人主義とは何かにも気づく。**個人としてふるまうことは、責任も発生する、ということ**である。好き勝手をすることではまったくない。それは自分にも跳ね返ってくることなのだ。こういう教育を受けると、早い段階で自立し、社会的な感覚も芽生える。とはいえそれは、必ずしも周囲に同調するということではないので、自然と個性ももてるようになる。

あるとき日本で、テレビ番組に出演することになり、諸事情あって女性アイドルグループ数人が乗る車に居合わせることになってしまった。10代後半から20代前半だろうか。フランスで大人びた少女たちを見ている私からは、ずいぶん幼く見えたのだが、驚いたのは、その言動だった。私がいるにもかかわらず、ぺちゃくちゃと締まりのないおしゃべりをしていただけではなかった。もしや彼女たちの父親と同年代ではないか、と思えるドライバーに文句を言い始めたのである。暴言だった。ここに記したくないほどの失礼な言葉で、渋滞で前に進めない運転手を罵っていた。

私はとうとう堪忍袋の緒が切れ、大きな声で叱った。もしかすると、彼女たちを叱ってくれる大人は、これまでいなかったのかもしれない。私がびっくりする以上に、彼女たちがびっくりしていた。そして、しょんぼりしながらも私の言うことを理解してくれた。これが日本の若者のすべてだとはもちろん思わない。しかし、あまりの社会性のなさに驚くばかりだった。

フランスに旅行に来た人はみな、特に都市部の人の冷たさを語る。愛想が悪い。サービスが良くない。だが、**フランス人にしてみれば不要なことはしない、というだけだ。そして、いざ必要となれば、彼らは実に優しい**のだ。

かつてカフェで、こんなことがあった。その日、若いウェイターは「疲れた」とぼやきながら、私のテーブルに荒々しくコーヒーを置き、コーヒーが私にかかった。完全な八つ当たりである。「何があったか知らないが、関係ない私に対して一体何だ？　謝れ！」思わず、私は叫んだ。だが、向こうも譲らず、罵声を浴びせて店の奥へ行ってしまった。そこで、カッとなって私は椅子から立ち上がろうとしてテーブルにつまずき、派手に転んでしまった。

通りに面したテラス席での出来事で、一緒にお茶を飲んでいた相手も、周囲の客も通行人も、みな呆気にとられてじっとしていた。すると、さきほどの若いウェイターがいち早く、「ムッシュ、大丈夫か？」と、店の奥から飛んできたのだ。ケガがないかと心配し、そのケアもしてくれた。

八つ当たりすること自体は、決してほめられたものではない。しかし、フランス人は、相手が傷ついたり、何か大変なことが起きたりしたときには必ず助けてくれる。それはケンカ中の相手であってもだ。その代わり、接客業のスタッフであっても、自分の機嫌の悪さを特に隠さなくてよいという認識なのだ。そもそも、客に対しても「お客様」という意識はない。

日本はこの点かなり違う。お客様には笑顔で接しろと教えられる。その代わり、腹の中では何を考えていても自由。面従腹背もありうるというわけだ。それを考えたとき、私は、フランス人の優しさ、誠実さを感じずにはいられない。**表面的な温かさなど、必要ない**のではないかと思うのだ。

日本では、間違った形で個性や個人主義がもてはやされているように思う。アートでは、人と同じものをつくっても意味がない。たしかに個性が大事なのだ。**個性を確立するためには、自分に誠実であることも大事**だろう。

「個」の尊重が、責任感と社会性につながる

30 自分を本気で幸せにするから周囲も幸せにできる

個人主義とは、自分のことだけを考えるという意味ではまったくない。実は個人を大事にすると、まわりも大事にするようになるのである。それが、思いやりを生む。

フランスの夫婦は、しょっちゅう自分の親に会いに行く。しかも、どちらか片方の親に偏ることもない。夫側、妻側と、交互に会いに行くのだ。

「今週のお休みは僕の親に会いに行ったから、来週は君の両親に会いに行こう」

こういう夫婦の会話を、フランス人はとても大事にする。びっくりしたのだが、夫婦ゲンカをして険悪な状況になっていたとしても、お互いの親への訪問はきっちりするのである。これだけは真剣なのだ。

個人主義なのだからその辺りもドライなのだろう、と思う日本人が多いかもしれないが、そうではない。むしろ、日本人以上に親のことを大事にする。

本当の個人主義というのは、実はまわりを大事にすることにつながる、ということなのだと思う。個人主義とは自分を見つめること。自分を幸せにすること。自分が幸せなら、誰かを幸せにしたくなるのである。幸せを返してあげたいと思うのである。

私はたくさんのフランス人と接してきたが、親や子どもの悪口を言うのを聞いたことがない。日本では、親が子どもを嘆き、子どもが親を嘆いたりするのをよく聞くが、フランスではそんなことはない。それは、個人が自立しているからである。

自分の人生は自分のもの。誰かが決めたのでも、誰かがつくったのでもない。そこに一人ひとりが誇りをもっているのである。

そしてもうひとつ、驚かされたことがある。これも個人主義と関係があるかもしれないが、フランス人は簡単に離婚してしまうのだ。合わないパートナーと無理をして暮らしていくなどという発想はない。日本とは異なり、シングルになっても手厚い保障があるからという事情も大きいだろうが、合わない相手と一緒にいても自分を不幸にするだけだ、と考えるからだ。

離婚をしたあと、新しいパートナーが見つかると再婚をすることになるわけだが、なかには子どもがいる場合もある。場合によっては、双方が子連れなどということも珍しくない。するとどうなるのかというと、子どもが大喜びするのである。再婚してくれたおかげで、きょうだいができたと喜ぶのだ。お父さんのせいでこうなった、お母さんのせいでこうなった、ではない。新しい出会いを楽しんでしまうのである。

日本では、とりわけ年頃の子どもたちは再婚すると難しい状況に置かれると聞く。そういう映画や小説もたくさんある。いじめが起きたり、意地悪をされたり。しかし、フランスではまったくない。

個人主義がもたらしているのは、人のせいにしない、すべては自分の責任、という姿勢なのだ。そして、幸せは自ら求めてこそ得られるものだということを知っている。そうした考えを、3歳の頃から身につけているのである。

これは、芸術に関わるところでもはっきり現れてくる。アートの購入をめぐって、日本ではときどきトラブルが起こると聞く。

「本当は欲しいわけではなかったのに、無理矢理買わされた」

「もっと価値が高まると思っていたのに、そうならなかった」

「こんなことになるとは思わなかった。絵を返したい」

しかし、フランスではこういうことはまず起こらない。なぜなら、すべては自分の責任で買っているという自覚があるから。人のせいにすることはないのだ。

もともより、もし無理矢理買わされていたとしても、その状況で買ったのは自分自身。自分が選択したことなのだ。もっと価値が高まると思ったのに、という言葉も絶対に吐くことはない。それはすなわち、自分の審美眼はまったくダメだった、ということを宣言してしまっているようなものだからだ。自分に見る目がなかった、と認めてしまうことになるのだ。

絵を返したい、というのもない。返したくなるような絵を買ってしまったのは自分なのである。そういうことを言うのは、自分をみじめに、もっといえば不幸にすることだとわかっているのである。

責任を負うというと負担に感じるかもしれないが、その対価として得られるのが本当の自由であり、幸せなのである。

本物の個人主義とは、自分の人生に責任と誇りをもつこと

column

フランスの人生処方箋

松井守男の好きな格言③

～自分の故郷では誰も預言者にはならない～

Nul n'est prophète en son pays.

16歳の頃の松井

フランスには、どんな偉人も自分の生まれ故郷では英雄にはなれない、という言葉がある。何かをなそうとしたら、さまざまな抵抗に遭うのは避けられないということだ。

第4章

アートの考え方が、日本にはまだまだ足りない

31 一度しかない人生、もっと楽しみきれ

フランスに来てから、いろんな人に言われてきた言葉がある。

「人生は一度しかないんだから」

ヨーロッパが、過去に何度も戦乱や革命に見舞われてきた話はこれまでにも書いたが、そうした歴史とも、大きな関わりがあるのかもしれない。人生はいつ、終わりを迎えるかわからない。突然、思わぬ事態に巻き込まれることだってあるかもしれないのだ。だから、**一度しかない人生を、いつも後悔のないように生きなければならない**。

実際、フランス人ほど、毎日を楽しく生きている人たちはいないのではないかと思う。家族や友達との語らいを楽しみ、おいしい食事を楽しみ、ワインを楽しみ、アートを楽しみ、音楽を楽しむ。仕事が人生のすべてだ、なんて人はまずいない。

そしてバカンスを楽しむ。多少、国の経済が揺らぎ、勤めている会社の先行きが不透明だったとしても、バカンスをとりやめるなんてことはしない。堂々と休む。3週間、1カ月と休暇をとり、休んでしまうのだ。

日本は世界第3位の経済大国で、みんなそれなりのお金を持っているかも

しれないが、フランス人に言わせれば、こうなるだろう。どうしてそんなに仕事ばかりして、せこせことお金を貯めるのか。どうしてそんなにお金があるのにバカンスをとろうとしないのか。

お金は使うためにあるのだ。おいしいものを食べ、バカンスを楽しみ、音楽のコンサートに行ったり、美術館に行ったり、自分の気に入った絵を買ったりする。いくらお金が銀行にたくさんあったところで、自分が楽しむために使わなければまったく意味がない、というのが彼らの考え方なのである。

フランスに20年以上暮らして日本に戻ってくることになったとき、やはり感じざるをえなかった。**日本人の多くは、いったい何のために生きているのか、よくわからない**のである。ただ漠然と、漫然と生きているように見えるのだ。

仕事に悩んでいる人も多い。家族関係や、人間関係に悩んでいる人も多い。もちろん、本人にとっては大きな悩みなのかもしれないが、それで人生が壊されてしまうわけではないし、終わってしまうわけでもない。

そして、いつも何かを追い求め、足りないものばかり数えているような気がする。人目を気にし、人の評価を心配し、まわりにばかり注意が向いているのだ。

大事なことは、自分自身がどうかである。何が自分にとっての幸せか。それを自分で探そうとしていないから、不安になる。自分の人生に確信がもてていないから、幸せそうに見えないのだと思う。

フランス人は、**人生は一度しかないからこそ、可能な限り自分らしく生きようとする。まわりのことなど、どうでもいいのである。**

そして、友達を大事にする。人生において友達は、とても大きな意味をもつからだ。しかも、これぞと思う人とは表面的な付き合いではなく、深く付き合おうとする。信頼を培っていく。何があっても裏切らない人、密告しない人をつくっていく。だから、定年後に困ることもない。

日本では会社勤めを終えて定年になると、寂しい日々を送るケースが少なくないと聞く。会社は、年齢が来ると平気で社員を捨ててしまうわけだが、驚くのは社員が捨てられる準備をほとんどしていないことである。定年になれば、それまでの仕事のうえでの人間関係が手のひらを返すケースも少なくない。それこそ、机ひとつ動かすのも手伝ってもらえない、と聞いたことがある。

人生を彩ってくれるのは、家族であり、友達なのだ。フランス人は、そのことをよく知っている。だから、何より家族を大事にするし、友達を大事にする。一生の友人を求め、その準備をしていく。本当の豊かさとは何か、と改めて思う。そして、その豊かさの中心にあるのが、フランスではアートなのだ。

日本はこの30年で、経済的にもどんどん貧乏になってきた。これからは、**個人個人が本当の豊かさに気づいていかないといけない。そのためにも、一度しかない人生を、もっともっと楽しまないといけない。**

漠然と、漫然と生きていてはいけないのである。

Matsui's view

漠然と生きるな。可能な限り自分らしく生きよ

32 価値観はひとつではない、が出発点

日本に暮らしていると息苦しくなる、と語っていた日本人がいた。一番の理由は、価値観が極めて限定されている、ということにあるのではないかと思う。

これも、フランスに来て面白いと思ったことなのだが、2大新聞の考え方が正反対なのである。左派の「ル・モンド」と、右派の「ル・フィガロ」。ル・モンドの主張と、ル・フィガロの主張は、真っ向から対立することがある。しかも面白いのは、フランス人の多くがこの2大新聞の両方を読んでいるということだ。右派の考え方と左派の考え方、まったく違う考え方を両方とも頭に入れるのだ。

どちらか一方に偏ることはしない。なぜなら、偏ると大きな間違いをしてしまいかねないとわかっているからである。あるフランス人が洒落たたとえを教えてくれた。

「**鐘は左右に振れて鳴るだろう。左右に振れるから、音が出るんだ**」

もちろん、色々な事象ごとに、どちらか一方が多数派になるわけだが、圧倒的な多数派になるわけではない。大統領選も、いつも過半数ギリギリだ。これも、日本との大きな違いかもしれない。そして、「長いものに巻かれろ」

なんてこともない。

だから、圧倒的な多数派が、特定の価値観で縛りつけることもない。そんなことは誰も求めていないし、そもそもできない。


私は日本で講演をするとよく言うのだが、フランスは毎日が国際会議をやっているようなものなのだ。しかも、時空を超えて、である。フランス人といっても、生粋のフランス人などというのは、今はもういないと言っても過言ではない。昔からの貴族もいるけれど、他国の貴族でフランスに渡ってきた人もいる。移民もいるし、難民だった人もいる。

私のアパルトマンの門番さんは、ロシア革命で追い出されてフランスに来た、白系ロシア人の子孫だ。そうかと思えば、東欧のハンガリーから渡ってきたという人もいる。カフェの店員はカンボジアの医者の家系だったりするし、祖国でトップにいたような人が、内戦から逃げてきてタクシーの運転手さんをしたりもしている。彼は、お金を稼ぎながら言葉を覚えられるから、この仕事を選んだ、と言っていた。フランスには、さまざまな国から多様な、優秀な人たちがたくさん集まっている。

そして彼らはそれぞれ、家族を通じて故郷や民族とつながっている。だから、さまざまな情報をもっている。当然、価値観もさまざまだ。色々な考え方があり、色々なスタンスがある。

フランスには世界の情報がある、と言われる。実際、世界的なテロリストが最初に足を踏み入れるのは、フランスなのだそうだ。フランスには色々な情報、色々な価値観があるからである。

多様な価値観がある社会というのは、別の言い方をすれば、ほかの価値観も認められる社会ということである。それが、息苦しい日本との大きな違いかもしれない。ほかの価値観を認められるということは、つまり、良いものであればなんでも認められるということでもあるからだ。

実際、フランスでは、遠い異国からやってきて長いこと頑張っている私のような人間は、フランス人以上に大事にしてくれる。なんといっても、日本人なのに勲章まで出してくれたのだ。

だが、それと同時に、芸術家がしっかり鍛えられる環境がある。なぜかというと、それだけ多様な価値観のなかで価値を見出してもらうには、相当頑張らないといけないからである。多様性は、芸術家の感性をも磨き上げることになるのだ。

さて、日本はどうだろう。例えば、成功という価値観ひとつとってみても、極めてステレオタイプなものになってはいないか。それを世のなかも、当たり前としていないか。名を上げ、お金を稼げるようになるだけが成功なのではない。好きなことを仕事にできただけでも成功。そう思えただけでも、人生はまるで違った景色になるだろう。**もっと多様な成功の価値観を、日本はもつべき**なのだ。価値観がひとつしかない国は息苦しいだけだし、間違った方向に行きやすいと私は思う。

人生や物事を、あらゆるアングルから眺められるのが芸術家だ。それは芸術家の、アートの役割でもある。

Matsui's view

人生の価値をさまざまに捉えられるのが芸術家

33

初めて見て、その場で購入を決めた起業家

日本にはないと聞いて驚いたことがある。フランスでは、ホテルに絵を飾っていると、その絵が売れていくのだ。普通のお客さんが、「ここに飾ってある絵を売ってほしい」とホテルに声をかけるのである。

値札がついているわけではない。そうではなくて、ホテルに飾られている絵は、ホテルがOKと言えば買えるということを、みんなが知っているのである。

一流ホテルともなれば、それなりに裕福な人たちが世界からやってくる。ホテルとしてもいいアートを飾りたいし、描き手としても絵を売るチャンスになる。そこで、絵を飾らせてもらうことは、ごく当たり前のことになっている。フランスでは、パリでもコルシカでも、ちょっといいホテルに絵を飾らせてもらうと、あっという間に売れていった。

ところが、日本ではまずない。もしかすると、ホテルに飾られている絵を買ってもいいのだ、という発想がないのかもしれない。絵は画廊などで買うもの、という固定観念がまだまだ強いのかもしれない。

そんななかで、とても印象に残っている出来事があった。もう30年以上前、

私の絵を日本国内で初めて買ってくださった方の話である。しかも、美術館でだ。

ある地方都市の美術館で、パリ市長から推薦文を書いてもらって展覧会をしたことがあった。オープニングパーティーには、地元の名士をはじめ、たくさんの方々が見えていたのだが、そのなかに、地元に本社をもつ、世界に知られる企業を立ち上げた起業家の姿があった。京セラの創業者、稲盛和夫さんだ。

パーティーを終え、絵の前に立っていると、稲盛さんが私のもとに近づいて来られた。

「これは、とてもいい絵ですね。先生、おいくらですか？」

私は美術館で絵を売ることはしない。こう答えた。

「これは美術館の展覧会のために描いた絵です」

稲盛さんは、私が描いた筆に興味をもったようだった。

「これは、とても細い筆ですね」

「面相筆といいまして、パリで偶然、見つけました。『遺言』という絵を描こうとしたとき、普通の西洋筆で描いたら絵に負けてしまうと思っていたところ、世界一細い筆を使うことを思いつきました。故郷の豊橋、あと奈良と京都でもつくられています」

「そうですか。このときは何本ほど使われたんですか」

「1000本です」

話はここで終わりになったが、後に秘書の方を通して連絡がやってきた。1000万円で買いたいという。1000本の筆を使ったから、だと思う。

私が芸術文化勲章やレジオン・ドヌール勲章を受章する前である。自分自身の目で見て、絵を判断されたのだと思う。なるほど日本にも、こういう人がいるのだと思った。

ほかの国でも、私が勲章をもらう前から買ってくださっている著名な人たちがたくさんいる。モナコに暮らしている、世界的なイベントを展開している会社のトップの方もその一人である。やはり私の絵を買ってくださっていたスイスの有名な弁護士の紹介だった。そのトップの方の紹介で、世界的なメーカーの社長も買ってくださるようになった。


日本にもアートを理解し、誰かを介してではなく、自分の目で判断してア

ートを買うことができる人がたくさんいることを私は知っている。30年以上前のあの出来事以降、色々な方が私の絵を買ってくださった。

ただ、日本と海外の違いは、海外ではどんどんつながっていくことである。個人の紹介で広がっていくのだ。しかし、日本ではそれがなかなかできない。

アーティストと直接つながる機会はまだまだ少ないし、アーティストから直接アートを買うという文化がまだまだ少ないことも影響しているのかもしれない。

Matsui's view

アートは日常のなかで、ごく自然に買えるもの

その意味でも、ホテルはもっともっと機能していってほしい。アーティストと直接つながる機会をもっという意味で、貴重な場になると思う。

もっと、日常とアートが自然につながっていくと、日本も変わっていくのではないだろうか。

34 力をつけるには、「本物」を見ること

アートを見る力をつけるには、どうすればいいのか。そんな質問をよくいただくことがある。シンプルな答えとしては、やはり「本物を見る」ということになるだろう。本物にはやはり感動がある。驚きがある。

そして本物を見ることによって、偽物との違いに気づく。その意味で、ルーブル美術館で毎日、掃除の仕事をしている人は、とんでもない審美眼が磨かれていると思う。料理と同じだ。毎日おいしいものを食べていれば舌は肥える。毎日、本物を眺めていれば、見る目は磨かれる。

しかし、では美術館に行って本物だけを眺めていれば、それだけでアートを見る力がつくのかといえば、そうではないと私は思っている。美術館の本物は、誰かが選んだ本物である。それは、画廊も画商も展覧会も同じだ。自分が選んだ本物ではないのである。**大事にすべきなのは自分の感覚であり、思い**なのだ。有名無名、名作と言われているかどうか、そんなことではなく、自分が良いと思うものに敏感になることである。専門家が言うことが正しいとは限らない。

実際、こんなことがあった。日本のある都市で、ふらりと歩いていると小さな個展が開かれていた。入ってみて驚いた。素晴らしい絵が並んでいたからだ。

私は世界でアートを見てきた。その私が見て、本当に素晴らしいと思ったのである。しかし、描き手はまったく有名な人でもなんでもなかった。日本ではまったく知られていなかった。聞けば、著名な画家に師事していたのだという。

弟子が師匠を超えることは、日本ではなかなか難しいようだ。ほめられることも少ないという。とても残念なことだと思った。

見出されていないだけで、埋もれた才能はきっと山のようにあるのだと思う。それは、絵を評価する人たちが、自分の感覚で目を見開いていないと気づけない。また、自分のアンテナをしっかり立てていないと気づけない。有名かどうか、というだけではわからない。

だから、**誰かが評価したものではなく、自分が心からいいと思ったものにこだわってみる**ことだ。純粋に惹かれたものを見に行くこと。自分が心から気に入ったものを飾ってみることである。自宅でも、会社でも。

私がもっとあればいいのに、と思うのは、絵を貸す事業である。もっと多くの絵と出合う機会を得るためにも、絵を貸す事業は大きな意味をもつ。買うのは勇気がいるけれど、レンタルであれば飾ってみたいという人も多いだろう。そうやって借りたものの中から、これぞ、と思うものを見つける。場合によっては、そこで買うことを決めてもいい。そして、その絵にこだわる。**自分自身の感動をこそ、大事にするのだ。それが、アートを見抜く力を高めてくれる。**

そして世のなかには恐ろしいことが起こる、ということも知っておいたほうがいい。若い頃に知り合い、以来、友人でもある指揮者の小澤征爾さんは若くしてパリで認められることになったが、日本での凱旋公演は惨憺たるものだった。

何が起きたのかというと、小澤さんが指揮することになった日本の交響楽団が意地悪をしたのである。わざと下手な演奏をしたのだ。観客の誰もが世界に認められた本物を聴けたと思っていたのかもしれないが、見抜いていた人がいた。

誰かの言う「本物」ではなく、自分の信じる「本物」を見続ける

それこそが三島由紀夫さんだった。三島さんはカンカンになって怒り、後に新聞にそのことを書いた。小澤さんはまったく悪くない、と。当時、日本中で大きなニュースになった。

芸術ではこういうことも起こる。だから、**誰かの「本物」には気をつけないといけない。それよりも、自分の直感、自分の感性を信じる**ことだ。

かつて地方都市の美術館で展覧会をしたとき、毎日、美術館に通ってきてくれた男子高校生がいた。理由はわからない。足がこの美術館に向いてしまうのだ、と彼は語っていた。そして本当に毎日、私の展覧会に通ってくれた。日本で有名でもない私の絵を見るために、誰に勧められたわけでもないのに、である。

大事にしてほしいのはこの感覚だ。自分の信じる「本物」こそ、紛れもない本物なのだ。それを繰り返すことで、アートを見る力は必ず養われていく。

35 もっともっと自然を見に行きなさい

アートを見る目を養うためにもうひとつ大事なこと。それは自然を見に行くことである。もっともっと自然に触れないといけない。

アートも人を感動させる。しかし、**自然に勝るアートはない**と私は思っている。なぜなら、自然ほど、人を感動させるものはないから。常に私たちを驚かせ、私たちの心を打つから。

そのことを忘れてしまっている人が、本当に多い。人間はもっと原点に戻らないといけない。自然にこそ、感動はあるのである。だから、太古の人々は洞窟壁画を残したのだと私は思っている。自然を見て、その感動を形に残したいと思ったのだ。

アートは、1、2、3、4、5の次に、6ではなくアルファベットのFが来るもの、という表現を私はすることがあるが、自然とはまさにそういうものだ。気持ち良く晴れていたかと思えば、突然、雷が鳴り響いて雨が降ってくる。こんなことを引き起こすのも自然だ。

まぶしい光を波間が放ち、心を穏やかにしてくれる海も、ひとたび海底の地震に見舞われると、恐ろしい津波となって押し寄せてくる。自然には、そんなとんでもなくおぞましい面も潜んでいる。
何気ない毎日にも、自然は人の心を打つ。極悪非道の犯罪人であっても、太陽が静かに沈んでいく日没の光景には心を打たれ、感動すると聞く。うっそうと繁る森の緑、涼やかな風、鳥の声、まぶしく射す光……。自然をイメージするだけで、私はワクワクしてくる。自然は、私のアートの原点だと思っているから。たくさんのインスピレーションを、自然は与えてくれるから。

とりわけ日本の自然は美しい。四季があり、風光明媚な景色が多い。少し足を伸ばせば、またまったく違った景色が現れる。美しい光が次々に現れる。森、山、川、海、湖……。私が暮らしているコルシカも素晴らしいけれど、日本の景色も素晴らしい。

私が多く描く絵は抽象画とカテゴライズされることがあるが、自然にはそんなカテゴライズはない。コンテンポラリーとかクラシックとか、なんとか派とか、そんなものもない。
そんなカテゴライズには、実はなんの意味もない。所詮、人間がつくった区分けに過ぎない。自然に向かっていると、そんなものは無意味だと思い出させてくれる。

どうしてカテゴライズするのか。それは、そこにビジネスが関わってくるからだ。お金が関わってくるからだ。このカテゴリーだから、この大きさだからなどという発想は、お金が発端だ。自然にはそんなものはない。自然のなかに入ると、そんなことは忘れてしまう。美しさや感動から始まる。

うまく描かれていたり、うまく奏でられていたりするのがアートではない、ということにも気づける。**本当に素晴らしいアートは、宇宙を感じ、自然を感じることができる。**だから、人の心を動かすのだ。

日本人は器用だが、だからこそ、時として間違える。求められているのは、うまさではない。人の心を動かすことであり、感動させることなのだ。先にも書いたが、技術を競うコンクールで1位をとることには、それほど意味はないのである。

自然は、それを教えてくれる。だから、もっともっと自然を見に行ったほうがいい。自然を感じたほうがいい。**日本にはこれほど自然があふれている**

のに、日本人には自然が足りない。

そして心配しているのは、人間が我が物顔でどんどん自然を壊しているということだ。山を削り、森を刻み、海を埋め立て、触れるべきでないものにまで触れている。

ヨーロッパでは、地震が増えているのは石油を掘りすぎたせいではないか、という説が当たり前のように語られている。あれだけの量を毎日、地下から吸い上げていれば、空洞ができるのは当然である。それが、地球環境に影響しないはずがない。

そんな危機意識もインスピレーションになるだろう。自然はアート感覚を養ってくれる。あらゆる人をアーティストにしてくれる。もっと意識的に、自然に触れにいくことである。

自然に勝るアートはない

36 利き手と反対の手を使って、絵を描いてみる

先に紹介したNHKの『日曜美術館』でも、そのシーンが紹介されていたが、子どもたちに向けたアートのワークショップで、私がフランスでも日本でもよくやるメソッドがある。それは、利き手ではないほうの手で絵を描いてみる、というものだ。

アート感覚を高めるうえで、このやり方はとても有効だと思っている。大人のほうがよりその傾向が強いのだが、**人は見ているようで、実は見ていないのである。いろんなものを見ているようで、実はあまり見えていないのだ。**

利き手でないほうの手で描くのは、そのことに気づいてもらうためである。利き手で絵を描こうとすると、それまでと同じやり方で、見えていないままに描いてしまう。というか、描けてしまう。しかし、利き手でないほうの手で描こうとすると、うまく描けない。だから、対象をしっかり見るようになる。あるいは、対象をしっかりイメージするようになる。いつもと同じようには見なくなるのである。

実際、利き手でない手を使うと、子どもたちはのびのびと描く。それは、誰もがうまく描けないからだ。利き手でなければ、思うように描けない。す

るとどうなるのかというと、うまく描こうとしなくなるのである。何度も書いているが、日本人は殊更うまく描こうとする。しかし、**絵には本来うまい、下手はない**のだ。なのに、うまい絵を描かなければいけないと思い込んでいる。だから、思うような絵が描けない。

利き手でない手にすると、もともとうまく描けないので、「僕は下手だから」という言い訳ができなくなる。うまく描かなくていいのだ。だから、のびのびと描ける。利き手で描くよりも、ずっといい絵が出てくる。まだ妙な考え方に染められていない、それぞれのアート感覚が顔を覗かせるようになるのである。これは、実は本人にも心地良い瞬間なのだ。そして、それを表に出す気持ち良さを知れば、自分のアート感覚に敏感になれる。自分なりの価値観で、よいと思うものに対してアンテナが立つようになる。

これは、ビジネスに携わる人、アイデアを出さなければいけない人も同じだ。ペンを左手で持って、考えてみるといい。いつもとは反対のことをして、日々を過ごしてみるといい。まったく違う世界が広がる。

ワークショップをするとき、実は日本ではもうひとつ、必ず伝えなければいけないことがある。それは「隣の人と違うように描きなさい」ということだ。日本の子どもたちは、どこかに正解があるのではないか、とキョロキョロしてしまう。隣の子どもと同じ絵を描こうとしてしまう。そのほうが安心だから。そこで、同じに描くな、と言うと、正解はないのだと安心し、やっと描き始める。

しかし、フランスではこの追加説明はいらない。誰も隣の子どもの絵など、気にしていない。自分が思っているものを描くのだ。ただし、フランス人の場合は、描き始めるまでに時間がかかる。納得できるまで動かない。

逆に、日本人の場合はすぐに手が動く。利き手でなければすぐに描けないだろうと思っていたら、そんなことはない。もともと器用なのだと思う。

フランスでは、幼稚園や小学校でこんなワークショップも行う。日本の漢字を使うのだ。例えば、春夏秋冬。「春」という字を書いて、この文字から想像をふくらませてイメージを描いてみよう、と声をかけてみる。これが、とても喜ばれる。日本の漢字は珍しいのか、みんな嬉々として取り組む。ただ、春と一口に言っても、明るい春もあれば、天気の悪い春もあり、寒い春もあったりするのがフランスの面白いところ。子どもたちの感性や価値観は、本当にさまざまだ。

ほかにも、いろんなワークショップをやる。目をつぶって絵を描いてみる、というメソッドもある。目をつぶったら絵が描けないと思うかもしれないが、視覚を使わないと、しっかり映像を頭のなかに残すようになる。残像を使って絵を描くようになるのだ。そうやって、対象への意識を高めていくのが目的である。

また、普段は使わない色で描いてみる、という方法もある。あえて使わない色を選ぶことで、いつもは見えていないものに目が向かうようになる。

アート感覚を養うということは、見える世界を変えるということを意味する。これはビジネスを行ううえでも、生きていくうえでも、大いに役に立つと思う。

Matsui's view

普段使っていない部位や感覚をフル稼働させなさい

37 美しい身体のデッサンから、なぜ絵が生まれるのか

人物画や風景画も私は描くが、とりわけ抽象画については、いったいどうやって描いているのか、と問われることがある。もちろん、絵が生まれてくるきっかけはさまざまで、ひとつではない。先にも触れたように、ピカソとの青い色をめぐる会話がヒントになったりすることもある。また、まったく何もないところからキャンバスに向かうこともある。

だが多くの場合、絵を描く前にデッサンをする。モデルの美しい身体を描いたり、自然の美しい風景を描いたり。そこから、インスピレーションをもらう。

ピカソは終生、10人の女性を愛したが、その女性たちを描くことで多くのインスピレーションを得た。結婚した女性は2人しかいない。しかし、残り8人もピカソは愛した。そして、彼女たちをきっかけに、たくさんの素晴らしいアートが生まれた。

先にも書いたように、私は結婚することはなかった。だが、愛する女性は常にそばにいた。結婚しなかった理由は明確で、私は絵を描くとき、絵の対象物を愛してしまうからである。結婚したとしても、モデルを頼んだ女性と

向き合い、絵を描くとなると私はその女性を愛してしまう。

もちろん、デッサンをしている瞬間だけなのだが、愛するのだ。そうでなければ、本当の絵は描けないと思っている。本気で描くからこそ、インスピレーションはもらえるのだ。これは、妻となった女性にはつらいと思った。だから、結婚はしなかった。

どうして画家はモデルをデッサンするのか。それが直接、絵になるわけではないのに、と思われている人は多いかもしれないが、そういうわけなのだ。山や海、森や川も同じ。つまりは、**自然の叡智をもらっている**のである。

当然のことながら、都会では自然の叡智はもらえない。都会の自然では、圧倒的にエネルギーが足りない。だから私はコルシカに住んでいる。日本では、五島列島にアトリエを構えた。最高の自然と光があるからだ。人間も自然の一部。美しい身体をデッサンすることで、大きなエネルギーをもらうことができる。必ずしも一般的にイメージされる美しい女性、美しい男性でなければいけないわけではない。

かつて身体障がい者の女性を描いたことがあった。たまたまご縁があって出会ったのだが、ぜひ描いてほしいという。右脚の膝から下がなかった。デッサンをするときには全裸である。どうなるのか、自分でも想像がつかなかった。

デッサン当日、私は驚くことになった。目の前に座っている女性は、本当に美しかったからだ。片脚はないが、それで完成されているのである。考えてみれば、ルーブル美術館の彫刻には、手脚の切れたものも多い。それ自体が実は美を表現していたのではないか、と思った。以来、私は見方が変わった。実はかつては、パラリンピックで障がい者がスポーツをすることに、「そんなに無理をしなくても」という思いを正直、もっていたこともあったのだが、すっかり変わってしまった。なぜなら、見てみると本当に美しかったからである。

ちなみに、これもまたフランスに行って驚いたことだが、**美が本当に多様**なのである。日本人からすれば、日本人離れした筋骨隆々の男性や、グラマラスな女性が美しく、きっと異性にモテるのだろうと思うかもしれないが、そうではない。

画一的な美でなく、新しい美を見出しなさい

フランスは、いろんなところから人が集まっているため、スタイルのいい人たちは、男性も女性も山のようにいる。ちっとも珍しくなく、当たり前なのだ。だから、そうでない美に注目が集まる。**色々な美に目が行く。むしろ、違う美を評価する。**こんなところにもフランスに対する驚きがあった（ちなみに日本人女性はとてもモテる）。

日本で興味深い都市といえば、ひとつに京都がある。世界に知られた古都であり、歴史と文化のある街として名高いが、やはり素晴らしいと思う。私が特に惹かれるのは、京都の「暗さ」である。京都の暗さはほかの街と違い、独特なのだ。その暗さが落ち着きと威厳をもたらしている。とても残念なのは、その京都にビルが増えていることだ。ビルは京都の暗さにマッチしない。京都に行ったら、ぜひその「暗さ」を味わってきてほしい。

38

ペインターとアーティストは違う

芸術家がモデルを描くとは、どういうことなのか。もうひとつ、エピソードを紹介しておきたいと思う。フランスに行き、通い始めた美術学校で最初の夏休みに出た課題はこういうものだった。

「14歳の少年と68歳の女性を描く。等身大で写実的に(つまりは裸体である)」

この課題には、私もびっくりしてしまった。それで、まずはどうして14歳の少年なのか、教授に尋ねてみると、こんな返事が戻ってきた。

「身体は大人だけれど、心はそうではない。その揺れる姿を描きなさい」

つまりは少年の葛藤を描くのだと理解した。単に少年を表面的に描くのではなく、その葛藤を、描く。つまり、姿ではなく、精神を描く。これが芸術家の仕事なのだ。

私が何度も「うまい、下手は関係がない」と書いてきたのも、そこに本質はないからである。**芸術家が描くのは、表面的な外側ではなく、内側であり、精神なのだ。**

それこそ英語でいえば、Painter(ペインター)とArtist(アーティスト)の違い、と言ってもいいかもしれない。うまく絵を描くのはペインター。内面を描くことができるのがアーティスト。ちなみにフランスでは、小学生の子どもでもこの違いを理解している。だから子どもに、「君はペインターではなく、アーティストだよ」と囁いてあげたりすると、とても喜び、びっくりするようなイキイキした絵を描いてくれたりする。

14歳の少年はわかったが、68歳の女性はどうなのか。質問して戻ってきた教授の答えに、またびっくりしてしまった。

「フランスでは女性は自分の美を外にさらけ出す。ところが60代の半ばくらいから、隠し始める。だから、その恥じらいを描きなさい」

フランスの女性は、とてもエネルギッシュであり、たしかに自分の美しさを強調する。象徴的なのが、フランスのテレビのニュースで、驚くほどに胸の谷間を強調している女性キャスターがいることだ。しかし、誰もそんなことに異を唱えたりしない。美しさを見せることは、当然のことなのだ。

ところが、年齢を重ねれば若い頃のようにはいかなくなってくる。そうなったときの恥じらいを描きなさい、というわけである。しかし、ここにはもうひとつポイントがある。若いときの美しさとは違う美しさが、年をとれば生まれてくるのである。

これは14歳もそうなのだが、年齢なりの美しさがある、ということなのだ。それを内面から描き出すのが芸術なのだと私は理解した。美しさに年齢など関係ない。そして葛藤や恥じらいにも美が潜んでいる。

私が「うまい、下手」を問うテクニカルなコンクールに否定的だったり、子どもの絵を指導で直そうなどというある種の冒瀆に怒ったりするのは、芸術に潜む美を理解できていないと思うからである。

さて、夏休みの課題に戻るが、何より大変だと思われたのが、モデル探しだった。ところが、ちょうどアパルトマンの向かいに、成績が悪くて夏休みのバカンスに連れていってもらえなかった少年がいた。まさに14歳だった。彼にモデルになってもらって、私は彼の葛藤を描いた。もちろん、スッポンポンの姿である。両親と姉が戻ってくると、その絵を見せてほしいと言ってきた。初めてのフランスでの夏。私は正直ビクビクだった。すると、全裸の息子の絵を前に、お母さんがこう言ったのである。

「いいわ。これでやっと女性を喜ばせられるわね」

姿を描くのではない。精神を描くのだ

驚いたのは、そればかりではなかった。お父さんがこう続けたのである。

「君は男にしか興味がないのか。せっかくだから、17歳の娘の絵も描いてほしい」

そう言って、娘を抱き寄せた。どこの馬の骨かもわからない美術学校の学生に、娘の裸の絵を描かせようというのだ。フランスというのは、とんでもない国だと思った。

そして後にわかったのは、芸術家のモデルになることがいかに彼らの誇りなのか、ということだった。**芸術家に描きたいと言われたら、それはすなわち精神を描かれるということ。つまりは、心も身体もきれいだということな**のだ。

ちなみに68歳の女性も、もちろん課題なので描いた。この話は深いので、そんなに簡単には書けない。機会があれば、じっくりと。

39 感動できるものは、世界に通じる

これからの時代は、本物しか生き延びられないと私は考えている。では、本物とは何かといえば、人を感動させられるもの、人を幸せにできるものである。

アートがまさにそうだ。**アートは人を感動させるものであり、人を幸せにするもの。心が動くものであり、ドラマがあるもの**だ。「うまい、下手」は国によって違う。言葉が通じず、意味がわからずとも、わけがわからず心が突き動かされるもの、それがアートである。だから当然、**本物のアートは、全世界に通じる**ということだ。

ビジネスでも教育でもなんでも、今後はより一層、世界に通じるものを目指さねばならない。そのときに、アートに触れ、感動する体験を積んでおくことが必要になってくるだろう。そして、これから生み出さなければならないのは、アートのようなものなのだ。

では、人を感動させるものは、どうすれば生み出せるのか。フランスに長く暮らして感じたのは、やはり環境が大きいということである。

多様な価値観があること。多様な人たちがいること。そして、フランスは外に出ても、どこに行っても景色がいい。建物も美しいし、自然も美しい。公園もたくさんある。

フランス人がバカンスに行くのは、とにかく景色がいいところである。美術館があるところに行く人も多い。日中は海で泳ぎ、夕方から美術館に行く。だから、夏は美術館が遅くまで開いていることも多い。

親たちは積極的に子どもたちにアートを見せるが、何より自分たちの行動が子どもたちへの教育になっている。目利きの力やアートとの付き合い方が身につき、ひいては、人生をいかに豊かに、楽しんで生きるかを子どもたちは学びとっていくのだ。

アートは国と国との敵対すら超えていく力をもっている。言葉が通じなくてもつながりあえるのだ。それは、これまで私も多く実感してきたところである。

かつて、日本とは必ずしも政治的にうまくいっていない中国から、私は招かれたことがある。背景には、フランスへのコンプレックスもあったのだろう。実際、それを素直に彼らは語っていた。

展覧会は、折しも日本との関係が極めて厳しくなる時期とぶつかってしまった。上海の美術館では、初日の午前中の来場者はわずか1名だった。ところが、午後からとんでもない数の中国人が展覧会を見にやってきた。

政治的状況を超えてまで見る価値があるのか、品定めをされていたのかもしれない。だが、一人の中国人からは手を差し伸べられ、こう言われた。

「芸術は友達になれるんだよ」

フランスで学んだ世界に通じるアートに日本の伝統が加わっている、と感激して私に話しかけてくれた中国人もいた。これはうれしかった。彼らは日本の伝統をも、しっかり見ているのだ。アートに国境などない。それを真の意味でわかっているのである。

韓国にも招かれ、釜山の美術館で展覧会の話があった。このときも、韓国と日本は政治的に激しく対立していたタイミングだった。しかし、韓国人はむしろこう言っていた。

「アートは別です。アートは対話のきっかけにできる」

平和交流にスポーツがもてはやされることがあるが、スポーツは実は難しい。なぜなら、勝ち負けがあるからだ。だから、サッカーで対決したりすると、むしろ敵対意識が高まってしまうこともある。スポーツ外交は簡単ではないのだ。しかし、アートには勝ち負けはない。韓国からは、パリにたくさんの留学生が来ていた。優れたアート感覚をもつ若い人たちがたくさんいた。彼らとはいろんな交流をした。

アートは物々交換だと私は思っている。お互いの苦悩や喜びや生活を、かつて太古の人々が洞窟壁画を描いたように、記していく。それを交換することができるのである。すなわち、感動を交換するということだ。

芸術の感動は、国を超えるのである。

Matsui's view

アートは物々交換。感動は交換することができる

40 便利さが感覚を麻痺させ、感性を鈍らせている

芸術やアートを考えるときに改めて思うのは、**人間は動物だということである。所詮は自然の一部であり、動物の一部に過ぎない**のだ。知性や教養を身につけてしまうと、人間は勘違いしてしまう。そして、動物として大切なものを失ってしまう。

物事は目に見えるものばかりではないのである。外側を見ていても、本当のことはわからない。内側にこそ本質は潜んでいるのだ。感性を研ぎ澄ませることによって、それは見えてくる。教育を受け、社会性を得ることで、失ったものがたくさんあることに気づかないといけない。そもそも人間は、所詮いつかは死ぬ生き物でしかないのだ。

では、感性を取り戻す方法はあるのか。私はシンプルに、喜びや苦悩をしっかり感じ取る力を磨くことだと思っている。もっといえば、**嫌なこと、つらいことから逃げないこと。それを真正面から受け入れること**だ。

フランスに来てしばらくして、私は小津安二郎の『東京物語』をパリで見る機会があったのだが、なるほど日本人とフランス人の感性が違う理由の一端がここにあるかもしれない、と感じた。小津作品はパリでも話題になった

のだが、私の目に留まったのは、パリの人にとっての目新しさなどではなかった。しょうゆがなくなったら、お隣さんにしょうゆをもらいに行く、という日本では当たり前の行動だった。

こんなことは、フランスでは絶対にないのである。善し悪しの問題ではなく、そもそも、そういう発想がないのだ。そんなフランスに暮らしていた私から見ると、日本がいかにゆるいか、ということに気がついたのである。

日本は、実はとても生きやすい国なのだ。もちろん、日本でも厳しい事態に直面する人がたくさんいることは知っている。だが、フランスのほうがずっと厳しいと私は感じる。そして、日本人はそれを自覚していない。だから、先にも少し触れたように、何も考えずに生きていくことができてしまう。フランスでは、ただ漠然と生きる、なんてことはできない。誰も助けてくれないからである。

フランス人は、何かに向かおうとしている人たちは助けるし、励ましてくれる。一生の友人には尽くしてくれる。しかし、漠然と生きている人に興味はない。

これは私もそうなのだが、最もつまらないことは、退屈することなのだ。楽しいことであればもちろん、つらいことですら、何かが起きているほうが、絶対に面白いのだ。退屈からは何も生まれない。

ところが、いつでもしょうゆを借りられるばかりか、今や24時間いつでも買い物ができる場所まで日本にはある。途方もなく便利なのである。しかし、便利であるということは、何も考えずに済むということ。だから、漠然と生きてしまうのだ。

フランスには24時間営業のコンビニなどない。パン屋も牛乳店もグローサリーも、店は夜までにみな閉まってしまう。だから、閉まる前に店に行くように行動する。きちんと考えて、意識的に動く。

しかし、コンビニがあればそんな必要はなくなる。日本は便利だが、これは極めて危ないと思った。**便利さで、色々な感覚が麻痺してしまうのである。頭を使わない。考えない。これでは感性はどんどん鈍化していってしまう。**

もっと色々なことに意識的になったほうがいい。楽しみも喜びも、苦しみも悲しみも。なんとなく生きてしまえるからこそ、気をつけなければならないのだ。

不便さをも楽しみ、感覚を研ぎ澄ませなさい

とりわけ、嫌なことやつらいことを受け入れたほうがいい。それを意識的にやることだ。日本は優しすぎるから。そして、便利すぎるから。

感性や感受性を磨くには、まず、自分の感覚に意識的になることが何より大切である。見せかけの豊かさや便利さに飲み込まれてはいけない。面倒くささや苦しみをもっとちゃんと受け入れ、日々を真剣に生きることだ。

今、ビジネスの世界では、これまでのやり方では限界に達し、アートの力、いわゆる「アート思考」を取り入れようという動きがあると聞いた。経済が長く低迷を続ける日本でも、アート思考に注目が集まっているという。

次章では、アート大国・フランスと日本を行き来してきた私なりに感じている、日本に今後求められるであろうアート思考や、その具体策を示してみたいと思う。

column

フランスの人生処方箋

松井守男の好きな格言④

～ひとつの鐘しか聞かない人にはひとつの音しか聞こえない～

Qui n'entend
qu'une cloche
n'entend qu'un son.

44歳の頃の松井／個展「耳をすますキャンバス」のポスターより

先に書いた「鐘は左右に振れるから、音が出るんだ」の元になったフレーズ。鐘はカランコロンと音が鳴る。「カラン」だけ聞いて早合点するのは危険。どちらか一方に偏っては間違えるのだ。

第5章

アート思考で日本を変えろ

41

芸術を学んだ人を、会社に入れなさい

「アート思考」と一口に言っても、それを具体的にイメージするのは難しいかもしれない。私が今、それを試しに定義してみるとすると、**それまでにはない新しい価値を生み出すこと、既成概念を取り払うこと**、と言えるのではないかと思う。

実際、アートの世界はその面において実にシビアだ。ほかの誰かがすでにつくったようなものをつくっても、なんら認められない。自分にしか出せない何か。自分だけのもち味。私は、最も細い面相筆を使って最も大きな絵を描くという手法で、なんとかそこへ打って出たわけだが、そこへ行き着くのは並大抵のことではなかった。

これまでも多く語ってきたとおり、自分だけのもち味を出すということが、日本の社会では非常にしにくい。同調圧力が強く、個性の教育がきちんとなされていないからだ。そういう日本が、アート思考を取り入れていくには、さまざまな壁があるだろう。それでも、できることはあるはずだ。

以下では、私が思いつく、いくつかの方法を挙げてみたいと思う。

音楽大学を出た日本人の経営者の友人がいる。親から老舗企業を引き継い

だのだが、何億円もあった負債を返済し、今や立派に再興させている。一般的に、芸術を学んだ経営者が社長を務めるというのは、とりわけ日本ではあまりないだろう。だが私は、それは非常にもったいないことだと思っている。

芸術を学んだ人は感性を鍛えている。だから、ここぞというときのポイントが見える。また、芸術を通して社会、いや世界を見ている。その世界は、一般的な企業人が見ている世界とはちょっと違う。だが、だからこそ価値がある。**人と同じことを考えることができても、今や価値はない。求められているのは、人とは違うことを考える力であり、それを捉える感性**なのだ。

その意味で、芸術を学んだ人をビジネスパーソンに育て上げるのは、大きな意味があると思う。芸術を学んだ人を、もっと企業に迎え入れるべきだ。

聞けば、古くはソニーがそうだった。ソニーはエレクトロニクスで世界的企業になるわけだが、創業期から関わり、5代目の社長になった大賀典雄さんは東京芸術大学音楽学部声楽科の出身だった。バリトン歌手として活躍していた人物だったのだ。

日本にも、芸術を学ぶ学生がたくさんいる。そのまま絵画や音楽などアートの道に進むのもいいが、ビジネスの領域でも彼らの力を活かせるのではないか。音楽大学を出た経営者の友人も、きっと時代の空気を自らの感性で感じ取り、独自の経営スタイルを確立させていったのだと思う。だからうまくいったのだ。

文化に造詣が深いことで知られる日本の大企業に、資生堂がある。10代目社長を務めた福原義春さんのインタビュー記事で読んだのだが、46歳で海外部長になった福原さんがまず進出を考えたのが、美の本場・フランスだったのだという。フランスで認められれば、世界でも認められるに違いないから。今や世界的なブランドになっている資生堂。福原さんは文化や芸術に造詣をもっている経営者として知られるが、こうした戦略もそんな彼ならではの発想だったのではないかと思う。

芸術を学んでいる人たちが、いかに鋭い嗅覚を発揮するか。もうひとつ、エピソードを紹介しておきたい。先にブルーノート東京でコラボレーションしたと書いた、ジャズピアニストの山下洋輔さんだが、彼との出会いは驚くべきものだったのである。

もう50年以上も前、山下さんは、東京・新宿で初めて画廊に入った。そこ

芸術を学んだ人には、ほかの人にはない嗅覚がある

でたまたま展覧会をやっていたのが、まだ学生の私だったのだ。山下さんは画廊の外から私の絵を見て、すごい絵だと衝撃を受けてくださったのだという。それで、入ったこともなかった画廊に足を踏み入れた。ちょうど当時、ジャズの世界にも先鋭的な考え方が入ってきていて、前衛的なもの、すごいもの、驚くべきものに関心が向いていたそうである。

そこで山下さんは、作者の名前と住所を調べ、私に会いに来てくれたのだ。当時、私はフランス行きが決まってはいたものの、まったく無名の存在だった。そんな私を、たった1枚の絵で見つけ出したのである。

山下さんは音楽家であって、絵に詳しいわけではない。しかし、芸術を学んでいる人には、こういうことができるのだと思う。お付き合いは以来、今に至るまで続いている。

日本人は、もっと芸術家を、アートを学ぶ人の力を活用したほうがいい。

42

外国人と、もっとうまく付き合うべき

感性を高める、アート思考を強めるという点では、外国人ともっとうまく付き合うことを考えてもいいと思う。日本人はどうにも、これが下手くそである。フランスは昔から、移民や難民をたくさん受け入れてきた。第23代大統領のニコラ・サルコジも、ハンガリー人の父と、ギリシャ系ユダヤ人の母をもつ。

面白いことに、**フランス自身は外国人を嫌うのだが、自分の国にやってきた外国人は大事にする。そして、個性を認める。だから、色々な価値観が社会にある。**これが、フランスが世界に通じている理由のひとつだと、私は考えている。

ところが、日本人は相変わらず外国人コンプレックスが強い。もちろん、言葉の問題もあるのだと思うが、外国人を前にすると日本人はひるみ、とたんに主張ができなくなってしまう。日本人はなかなかそうとは認めたがらないが、私のように外国に長く住み、生まれ故郷の日本に戻ってくると、その実態がよくわかる。

日本人の押しの弱さや人の良さにつけこむ外国人も少なくない。政治家も含め、いいように扱われているように見えることもしばしばだ。そういう光景を見ると、長く外国に住んでいる私などは、歯がゆくて仕方がない。

ただし、日本にゆるいところがあるのも否定できない。少しでも日本語が話せる外国人は、すぐタレントにしてしまう。これにも、外国人コンプレックスが関係しているかもしれない。私のマネジャーのロベールは、かつて外国人タレントにならないかとメディアから声をかけられたことがある。日本語がペラペラだからだ。しかし、彼はきっぱりと断った。

「私は日本を尊敬している。カタコトの日本語を話して、それだけでお金を受け取るなどということはしたくない」

フランス人の矜持、というところかもしれない。

実は、日本は甘いな、と最初に痛感したのは、まだフランスに留学したばかりの頃のことだ。フランスでは何が起こるかわからないからと、渡仏前、私は華道を学んでいくことにした。日本でしばらく、ある流派のお花を習っていったのだ。

もし、絵で食べられなかったりしたら、お花を教えようと思っていた。パリはそれくらい未知の領域だった。だから、真剣にそんなことも考えていたのである。

ところが、パリに着いて驚いた。その流派のパリの支部がすでにあったのである。そこでフランス人が、パリの人たちにお花を教えていたのだ。しかも、まったく大したことがない内容で……。

支部を訪問して事情を話すと、言うまでもないが意地悪をされた。彼らはそれで稼いでいるのである。そこに本物の日本人がやってきて、お花を教えたいなどと言い始めたのだ。邪魔をするのは当然だろう。

そのとき私が感じたのは、どうしてこんなに簡単にお花の免状を出したのか、ということである。実は茶道の免状も同様だ。日本は、外国人コンプレックスからか、大して学んでもいない外国人に、どんどん免状を出してしまう。もちろん、きちんと学んでいる外国人もいるだろう。しかし、そうでないケースも多いと感じる。すると、それを利用されてしまう。ビジネスに使われてしまうのだ。

フランス人はこのあたり、非常にしたたかだ。優秀だと思われたら、そう

いいかげんに、外国人コンプレックスは卒業しなさい

そう免状は与えてもらえない。海外進出の際の邪魔になるからである。

ところが、日本人はいとも簡単に出してしまう。もしかすると、お花を学んだフランス人は、最初はそんなつもりはなかったのかもしれない。しかし、簡単にうまくいくと知ってしまうと、間違った道を選んでしまう。免状の取得は、もっと難しくしたほうがいい。

これらは象徴的な例だと思う。日本人が外国人と向き合うと、一事が万事、この調子だ。こういうことも含めて、外国人との付き合い方をもっと見直すべきだ。

外国人コンプレックスから脱却して、外国人の感性を日本で活かしてもらえるような機会をつくる。あるいは、多様な価値観をもち込んでもらう。それができるようになれば、日本はかなり変わるだろう。

43

女性にもっと強くなってほしい

多様性、多様な価値観を社会にもたらすという意味で、とりわけ日本で重要になっているのは、女性の力を活かすことだと思う。すでに社会的なムーブメントになっているので、その重要性に気づいている人は多いが、なかなか前に進んでいかない。

一番大きな問題は、子育てと仕事の両立という点だろう。女性は妊娠、出産をする場合、どうしてもその分、男性より時間が割かれる。ハンデがあるのである。それについては日本もフランスも同じだ。しかし、その後については、日本の女性のほうが大変だと言わざるをえない。

フランスの女性の場合、産んだあとは特に時間的ハンデはない。男性が同じくらい育児・家事をするからだ。日本では、まだまだ女性の負担が大きい。

こうした点が解決していかないことには、社会で女性の力を活かすことは難しいだろう。そのためには政治家をはじめ、社会全体が変わらなければいけない。

ただ、そうした状況があることはわかったうえで、やはり、女性たち自身にも、もっともっと頑張ってほしいと思うのだ。

フランスでは、日本よりもはるかにしっかり女性の声が聞こえてくる。**何か不満や問題があれば、フランスの女性たちはすぐに声を上げる。**実は、私はここにも大きなポイントがあるように思えてならない。

以前、日本の自衛隊の成人式に参加したことがある。近年は、女性の隊員も増えてきたようだが、質問タイムになると、やはり女性から手が挙がらないのである。

また、あるときは、私が講演を終えたあとの質問タイムで、こんな質問が女性から上がった。

「子どもの塾の帰りに迎えに行かなければならないのですが、街灯が暗いんです。市に言っても何も応えてくれません。どうすればいいでしょうか」

フランスではまず見られない光景だ。私は言った。すぐに交渉したらいい、一人でやるのが難しければ団体をつくって交渉すればいい、と。

実際、フランス人は女性でもどんどん発言するし、一人で解決できない問題は、すぐ団体交渉にもち込む。そうやって、フランスの女性たちはたくさんの権利を勝ち取ってきたのではないかと感じている。

日本の女性の発言力が弱いのは、社会全体のしくみや空気のせいもあるが、女性たち自身もまだまだカラをかぶっているからではないだろうか。どこかで無意識に、そんなことはできない、と感じていないだろうか。もしくは、厚すぎる壁に、初めから絶望感を抱いてしまっていないだろうか。

もとより、声を上げないというのは、女性だけでなく、日本人全体の傾向かもしれない。長時間労働の問題は、特に日本では顕著である。女性に限らず、なぜ一人ひとりが会社に対して声を上げないのか、不思議でならない。

おかしいと思えばきちんと主張する。それは、あとに続く人にとっても大いに意味をもつ。状況が変わらなければ、自分と同じ苦しみを、あとの人もきっと味わうことになるのだから。

だから、壁は厚くとも、まずは戦ってほしい。特に、女性に頑張ってほしいのだ。もちろん、厚い壁をつくっている男性も含めて、指導者も変わる必要がある。女性を登用できないリーダーは、時代にはそぐわないと理解しな

日本では、色々な意味で女性がもっと強くなってほしい

ければいけない。

フランスでは、政治家の要職を女性に任せるようになった。経済界、法曹界など、あらゆる分野において女性の活躍が著しい。そして成果を出している。NGOやNPOにも、リーダーには女性が多い。

日本では、実権を委ねられている女性がまだまだ少ない。それは、政府のリーダーの責任である。**女性が発言できる場を、もっともっと増やしていかなければならない**。それは国として、これから絶対にやらなければいけないことだろう。

女性には、男性にはない強さがある。男性にはない感性があり、感受性があり、発想力がある。これを社会に活かさない手はない。それはきっと、多くの人のアート思考を強め、社会を刷新していくことだろう。

44

アート思考に沿った生き方が求められる

戦後、日本は世界が驚く繁栄を成し遂げた。しかし、バブル崩壊後の30年以上、長く停滞が続いている。

私は日本の高度経済成長期をフランスで過ごした。だから、その頃の勢いのある姿を知らない。私が日本をたびたび訪れるようになったのは、日本が苦しみ始めてからのことである。

日本がうまくいかない理由は、過去にうまくいきすぎたことにある。大きな成功体験をすれば、どうしてもその体験に縛られてしまう。しかし、もう周囲の環境は変わってしまっている。過去の時代に通用したものが、今も通用するわけではない。

そして、もうひとつ感じるのは、**世代交代がうまくいっていない**ことだ。悲しいことだが、私の年代、つまり70代、80代が色々なものを牛耳っているようでは、もうダメである。政治も、この世代がやっていてはいけない。

日本に戻ってくるようになって感じることだが、30代、40代の若い層には、優秀な人がたくさんいるのだ。私の絵を買いたいという人も出てきている。多くは30代、40代の起業家たちだ。日本も少しずつ変わり始めているのだな、と感じる。

今は戦後の復興期でも、人口ボリュームが増えていく高度経済成長期でもない。モノがない時代ではなく、モノはあふれ、経済競争は熾烈になっていくばかりだ。

そんな今の時代に求められているのは、やはり**勝ち負けのある数字ではなく、世界に通じるアートの豊かな世界や、アート思考**なのではないだろうか。そして、目先を考えず、自分が幸せになって相手も幸せにしようという芸術そのものだと思う。

そのためには、芸術を、芸術家を大事にしなければならない。

芸術至上主義のフランスでは、芸術家が本当に大事にされている。大きな公共施設に絵が飾られたりしたときには、その地域の首長はもちろん、時には大統領がやってきて感謝の気持ちを表してくれる。

あるとき、日本の大きな空港が決断して、空港を美術館のようにすることにした。日本人の画家の絵が、今もたくさん飾られている。どういうわけだか、私の絵は外国人の要人が乗り換えるところに飾られてしまったので、日本人の目に触れることはほとんどないのだが。その「美術館」のオープニングパーティーで、ショックな出来事があった。パリから駆けつけた私は、会場の一番前に向かって急いだ。乗り継ぎの関係で、時間がギリギリになってしまったのだ。

フランスでは、アートを収めた芸術家はこうした場では一番前に座る。芸術家がフランスの未来に貢献してくれることを、よくわかっているからである。傑作をつくり、フランスの宝を生み出すかもしれないのだ。

ということで、大きな会場の一番前に秘書と一緒に進んだのだが、そこに私の席はなかった。大臣、知事、官僚、市長、役所の人たち、地元企業のトップ……。私以外にも、わざわざ駆けつけていた多くの芸術家の席は、一番後ろの末席だった。

これが日本の現実なのか、と私は改めて知った。芸術家はまったく大事にされていない。そして芸術家もそれに対して異議を唱えない。しかし、こんなことをしていたら、新しいものが生まれてくるとは、とても思えなかった。前に座っているのは、目先のことしか考えない人たちなのだから。

Matsui's view

アート思考とは、目先を考えないこと

日本の経済は、資本主義をベースにしている。これまで世界で繁栄してきた国は、ほとんどが資本主義ベースの国だった。ところが今、共産主義ベースで繁栄を始めた国が出てきている。世界の繁栄地図は塗り替えられようとしている。

今、資本主義の社会も、さまざまに問われ始めている。あのアメリカには、国民皆保険制度すらなく、驚くほど多くの人が新型コロナウイルス感染症に倒れた。人々の間には経済格差だけではなく、教育格差も大きい。実はアメリカには、日本という国の存在を知らない人だって、少なくない。

これからの社会、これからのビジネスを考えるには、もはや教科書はないのである。すぐにでも、新しいことを始めなければならないのだ。目先を考えてはいけない。そこに、アートの考え方は間違いなく生きてくる。

45

感性から生まれたものはごまかせない

理性ではなく、感性から生まれたものはごまかせない。芸術の価値はそこにある。かつてフランスでは、芸術を理解していない政治家は選ばれなかった。大統領選を前に、私のもとに、絵を習いたいとやってきた政治家もいたほどだ。言葉はうまくごまかすことができても、感性から生まれたものはごまかしようがない。だから**フランスでは、政治家に対してもアートを理解していることが求められてきた**のだ。

アートを生み出すには、美しく清らかな心が必要だ。また、アートを楽しむときにも、直感を大事にし、美しく清らかな心で向き合うことだ。

日本にいて感じるのは、もっと自信をもってほしいということだ。もっと、自分の直感や感性を信頼してほしい。コロナ禍でフランスに帰れなくなった。これは神様が与えてくれたチャンスだと、私は思っている。日本にいる間に、アートの力を日本人に伝えたい。日本人にもっと自信を取り戻してほしい。そのためにできることをしようと決めたのだ。

先日、ある美術大学の卒業制作を見に行った。私の目に留まった学生がいた。そこで私はこう声をかけた。「とてもいいと思うよ。あなたは力があるんだから、一人でやってみなさい」と。そのときは喜んでいたが、やはり怖かったのか、〝長いものに巻かれて〟しまった。つまり、自信がないのである。とても残念なことだ。

直感や感性を大事にしながら絵を描き続け、これまで多くの出会いがあった。フランスからときどき日本にやってくるようになって出合ったのが、五島列島のアトリエだった。2008年、日仏交流150周年記念の文化交流があり、私は愛知万博に続いて、フランスの代表として日本に招かれることになった。スポンサードしてくれたのは、高級ブランドのシャネルである。

シャネルの創業者、ココ・シャネルは芸術家の支援や、芸術を守るための匿名の寄付など、今でいう企業メセナを初めて行った人でもある。彼女が支援した芸術家に、ピカソやモディリアーニもいた。

日仏交流150周年記念の文化交流は、銀座のシャネルで行われた。ありがたいことに、私にあてがわれた宿泊場所は、日比谷のザ・ペニンシュラ東京の最上階のスイートルームだった。その素晴らしい部屋で、秘書のロベールがびっくりする話を教えてくれた。

その前年、バチカンでコルシカの司教が大司教になったのだが、同時に大司教になったのが日本の長崎の大司教だった。そのコルシカの司教に、ロベールが日仏交流について話すと、ぜひ長崎の司教を訪ねるように言われてきたというのである。

そこで連絡をとってみると、その高見三明大司教が、どうぞいらっしゃい、と言う。しかも、私のことを知っていたのだ。NHKのBSの番組で、私がコルシカでキリストを描いたシーンが放映されたことがあり、それを見たのだという。長崎の隠れキリシタンが、バチカンで聖者の仲間入りをすることになった翌年に、私は大司教から、ぜひここでも描いてほしい、と言われたのである。それで、2008年に長崎で展覧会を行ったのだった。

それに際し、長崎の天主堂はじめ、さまざまな場所を訪れたのだが、そのなかのひとつに五島列島の久賀島《ひさかじま》があった。隠れキリシタンが牢屋で水も飲まされずに死んでいった場所が今も残されている。衝撃的な光景に私は心を打たれた。島に渡るには海上タクシーに乗ることになるのだが、帰りに船着き場で待っていたら、右手に古い校舎が見えた。聞けば、子どもが少なくな

美しいものを見て、心を良い状態に保ちなさい

って閉校になったという。私はその場所で、日本のキリストとマリアを描こう、とこのとき反射的に決めた。

大司教からも、ヨーロッパのキリストは青い眼をしているが、アフリカには黒人のキリストがいると聞いた。日本のキリストを描くなら日本で描くのがいい。周囲の方々のおかげで、私は、その廃校の校舎をアトリエにさせてもらうことができた。

美しい島だった。ここにはたくさんの思い出がある。いろんな人に来てもらい、吉永小百合さんにもモデルになっていただいた。そのときは、島民のみなさんが驚かれていた。その後、台風によって屋根が吹き飛ばされてしまい、今はこのアトリエは修理中だが、日本の美しさを改めて実感した。**感性を研ぎ澄まさせてくれる場所は、日本にもたくさんある。**

ぜひ、そういう目で自国を見直してみてほしい。

46

世間体が日本をダメにしている

日本の感性、アート的な考え方を最も邪魔しているものに、間違いなくこれがあると思う。〝世間体〟である。

こんなことをしたら、人に変だと思われる。だからできない。**日本は、世間体を気にすることが当たり前になっている。だから、本当の自分をさらけ出せない。**

私に言わせれば、それは自分を大事にしていないことにほかならない。自分の感性を表に出せない。これでは、感性の磨きようがない。

メディアがそう言っているから。有名な人がそう言っているから。専門家がそう言っているから。周囲がそう言っているから。あの人がそう言っているから。

そんなふうにして、自分の感じているものがどんどん毀損されていく。本当の思いが見えなくなっていく。感性は傷つけられ、見えていたものも見えなくなっていく。

日本の世間体の大変なところは、それが個人にだけ向かうわけではないところだ。何か問題が起きれば、家族や友人、会社や地域にまで向かう。メディアは恥ずかしげもなく、すぐに本人以外を追いかける。しかし、こんなことをしているのは日本くらいのものである。フランスだったら、行った記者が逆に返り討ちに遭うところだ。

だから日本人は、とにかくビクビクしている。目立つことや人と違うことをしたら、糾弾されるかもしれない。家族にまで迷惑をかけてしまうかもしれない。それで自重する。自分を抑えつける。本当に大変だと思う。世間体に縛られていたら、自分を大事にはできない。**本当のことを言えなかったら、感動や幸せは遠のいていくばかりだ。**

フランス人は、世間体なんてどうでもいいと考えている。自分がすべてだからだ。先に、裏切りや密告をしない友達をつくることが大切、と書いたが、それは実は当たり前のことでもある。フランスでは、すべてが自分の責任なのだ。例えば、裏切りや密告をする人を友達にもてば、そういう友達を選んだ自分の責任なのである。自分がダメだということなのだ。

また、頑張っている人間を私が揶揄したとすれば、私はもう信用されない。ダメな人間だと扱われるだけなのである。

そもそも、画家の私は絵を描いてさえいればいい。松井守男、イコール絵である。それ以外で何かを求められることはない。私生活で何をしていようが、何をしていまいが、問題となるのは絵だけなのだ。絵ではないところに、世間が注目することもない。

だから、長いものに巻かれる必要もない。そもそも、誰からも好かれようなどとは思っていない。**みんなに好かれることのほうがおかしい、というのがフランス人の考え方だ。合わない人がいて当たり前。考え方が違って当たり前**なのである。

ただ、日本は今、少しずつ変わり始めている。30年くらい前まではうまくいっていた国のモデルが、もう通用しなくなっているからだ。こういうときには、個人が目覚めやすい。なぜなら、周囲に従っていたところで、自分が幸せになれるわけではないからである。一流の大学を出て、一流の会社に入っても、未来を見失ってしまう人も多い。これまでの価値観が大きく揺らいでいる。

だから**今は日本でも、個人個人が自分を大事にし、自分の感動を大事にし、**

自分の幸せを大事にし始めている。それは、とてもいい傾向だと思う。アートが生まれる第一歩であるし、これから先は本物が生きていけるようになる、ということだから。

まったく慌てることはない。やらなければいけないのは、自分を大事にし、自分の感性を信じること。そのうえで、自分の生き方をしっかり定めること。自分の幸せを生きること。最も大切なことは心の豊かさだ。最終的に、自分を幸せにできるのは自分しかいないからだ。

Matsui's view

みんなに好かれることのほうがおかしい

誰かの評判を気にしていたところで、心が豊かになるわけではないということに、そろそろ気づいたほうがいい。世間体を気にして、本当の感動や本当の幸せを手に入れられた人は果たしているのか。

日本人は、変わるときが来ている。

47

フランス人と日本人は、成功の定義が違う

日本に来て、強く感じたことが、日本のビジネスパーソンは疲れきっているということだ。フランスでは、ちょっとありえないような疲れ方をしている。何が違うのか考えてみると、それは成功の定義ではないかと思うようになった。日本は、とにかく数字なのだ。売り上げ、利益、給料、貯金……。私はこれを「数字だけがものを言う資本主義」と呼んでいる。これを取り入れている代表的な国がアメリカだ。

しかし、フランスは違う。資本主義だが、価値は多様だ。人生を、生活を、食事を、愛をこそ楽しむ。数字になんか振り回されない。**求めているのは感動であり、幸福感なのだ。お金がなくても、感動や幸せは追求できる。アートもそのひとつ**だろう。

「数字だけがものを言う資本主義」のなかにいると、数字が手に入らなければ、不幸だと思い込んでしまう。だが、すべての人が数字を手に入れられるわけではない。

そもそも、成長が鈍化している時代にそんなに数字がとれるはずもない。このままではどんどん疲弊し、摩耗し、不幸になるだけだろう。

数字に表れない価値をもっとしっかり見つめたほうがいい。目の前の生活や、家族や、友達や、食事や、人生そのものを。それらを楽しむこと。充実させること。満足させること。それは実は、自分自身でできることなのである。

日々を、精一杯生ききっているという実感があるだろうか。私は、どんなときも、どこにいようとも、精一杯生きると覚悟を決めている。明日、死んでも後悔しない生き方をしている。それはずっと頭に置いてきた。なぜ精一杯生きるのかといえば、最終的に、誰かの役に立ちたいからである。

長く生きてきて、ひとつの結論が出ようとしている。それは、**精一杯、思いのままに生き、人の役に立てるということこそ、人生の成功**ではないか、ということだ。

私の親友は、革命で命からがら逃げてきた。その息子の妻はユネスコに勤めていた。今は幸せかと聞くと、彼女は言った。

「結婚ができて、家があれば、それだけで幸せです」

何が最も自分を幸せにしてくれるのか、真剣に考えたほうがいい。少なくとも、幸せは誰かがくれるのではない。自分がなるのだ。

フランス人は、自分のために生きている。ここが、日本人とフランス人の最大の違いかもしれない。**自分のために生きる**。**自分のために生きるからこそ、人の役に立てる**のだ。それは、自分が幸せだから。幸せなら、人の邪魔もしない。人の詮索も忖度もしない。日本人は、誰のために生きているのだろう。

私も常に自分のために、自分にウソをつかずに生きてきた。今、自分は幸せだと思っている。それがあるからこそ、人の役に立ちたいとも思っているのだ。振り返ってみると、**自分が幸せになる秘訣は、結局、自分を貫き通せるか**、にあるように思う。「成功」の定義はさまざまだが、成功するかしないかも、ここにかかっているのではないだろうか。

私には、3つの大きな転機があった。1つ目は三島さんに楯の会に誘われ、後ろ髪を引かれながらもパリ行きを決めたこと。2つ目は、有名なカステリ画廊に絵を展示する道もありながら、その選択をしなかったこと。もっとも、

そろそろ、自分のために生きなさい

この2つは、三島さんとカステリ画廊の方の助言に負うところも大きい。偉大な人というのは、やはり良心や美徳をもっているのだと感じる。

そして3つめは、フランスからの「フランス人になれ」という誘いを断ったことだ。これは今でもしきりに言われている。「お前がフランス国籍を取り、フランス人になれば、フランス人はみな、お前の絵を買い占めるだろう。そして、フランス中の美術館がお前の絵をコレクションするだろう」とも言われている。だが、それでも私は、日本人として頑張り続けるつもりだ。

節目節目で誘惑に負けず、易きに流れず、自分を偽らなかった。そのことが、私をここまで連れてきてくれたのではないか。思うままに生き、幸せを感じられること。人の役に立ちたいと思えること。それこそが本当の成功である。本当の自分が何を求めているのか、今一度考えてみてほしい。

フランスという国の強さ、フランス人の強さを垣間見たことは幾度となくある。自国や隣国で戦争や革命が起き、理不尽にも人生が追い詰められたときに何をするべきか。フランス人のDNAには、それがすでに備わっているのかもしれない。

そして本当に危機的状況に陥ったとき、誰かの意見など当てにならない。そんなものを信用して命を落としたら、悔やんでも悔やみきれない。そこでどうするか。**自らひたすら学ぶのだ。そして、自分の頭で考える。その結果、自らの判断力や個性が磨き上げられていく**のである。

48

トラブル時こそ、自然の叡智を借りる

パリからコルシカに居を移す決断をしたのは、1998年である。購入していた土地が、建物を建てられない土地だとわかり、絶望したものの、「芸は身を助く」で、今の家に住めることになったエピソードはすでに書いた。しかし、実はそのとき、もうひとつ大きなトラブルが待っていたのである。

コルシカの不動産オーナーが提供してくれた住居に住むにあたっては、購入予約が入っていた絵の代金を担保にすることになっていた。ところが、とんでもないことが起きた。なんと、予約が取り消されてしまったのである。しかも、たった1枚のファックスで。

一難去って、また一難。またしても絶望的な状況だった。アトリエどころか住むところもないという事態に、私はうちひしがれた。お金は用意すると言ったのである。このままでは詐欺師になってしまう。しかし、どうすることもできない。

そのときの秘書のロベールの行動が、今でも忘れられない。

ロベールの祖父は、ポーランドの貴族だったが革命で追い出されたのだという。そして、フランスで炭坑夫になった。貴族が炭坑夫になったのだ。そして息子が生まれ、孫として生まれたのがロベールだ。

ロベールは3日後に、絵の代金を小切手で受け取りに行く予定だった。1億6000万円という金額である。それをオーナーに渡すことになっていた。だが、たった1枚のファックスであっという間に消えてしまったのだ。

落ち込む私をよそに、ファックスを見たロベールは、引っ越し荷物の中からシャンパンとグラスを見つけ出し、それを手に取ってこう言った。

なっていた。

「ちょっと波を見に行こう」

私は明らかに動揺していた。せっかくオーナーの厚意で住むところを手に入れることができたのに、水の泡となったのだ。もはや、何も考えられなくなっていた。

しかし、ロベールは違った。海に向かって歩き出したのだ。私もロベールについていった。2人でシャンパンを開け、グラスを傾けながら、波の音に耳を傾けた。すると、だんだんと気持ちが落ち着いてくるのが自分でもわかった。

オーナーが来るまでに3日ある。その間にできることはないか。ロベールは言った。

「まずは、これまでに絵を買ってくれた人の住所録を見よう」

たしかにそうだった。もしかしたら、お金を一時的に融通してくれる人がいるかもしれない。展覧会をすれば、多くの人が私を祝福してくれた。私の絵に感動してくれている、多くの人の顔を思い浮かべた。

結果的に、私には神様がついていた。ロベールとゆっくり話し合いをし、

逆境のときこそ、心を落ち着かせなさい

オーナーに正直に事情を話すことにしたのである。すると、「あの絵を描く人なら、待ってあげます」という返答が戻ってきたのだ。

おかしな知恵を絞ることなく、ただ実直に進めたことが功を奏した。しかし、それもロベールがいてくれたからだと思う。絶望的な状況に陥ったときこそ、慌ててはいけない。それは、ロベールが祖父や父から学んできたことだったのだと思う。

私は今でも、**何か起こったときには、自分を落ち着かせるために、大自然に向かう。そうすると、本当に落ち着くことができる**のである。落ち着いて、ゆっくりと自分と向き合えば、やはり「拾う神」は現れてくれるものなのだ。

逆境のときこそ、大自然を感じてゆっくり心を落ち着かせる。これも、フランス人に学んだことだ。

49 フランスも期待する、これからの日本

実はフランス人は、日本にとても期待している。ヨーロッパの人たちも、日本がもっとリーダーシップを発揮してほしいと言っているのだ。それは、日本はきっと、アートがわかる国だと思っているから。アメリカ式の資本主義だけでない世界を、日本人はつくれると思っているから。日本は本当は、色々なものをもっているから。

実際、先にも書いたように、日本には浮世絵などの素晴らしい作品があり、ピカソやゴッホも大きな影響を受けていた。**日本には、世界を驚かすような優れた独自のクリエイティビティがあった。**それを生み出す力をもっていたということだ。

ところが、第二次世界大戦後の日本は、そうした日本の本来の力ではなく、経済力や企業の力、製品をつくる力ばかりに比重が偏ってしまった。それによって経済大国になった。

一方で、日本がずっともっていた別の面、アートの世界での強さ、感性の強さにはスポットが当たらなくなってしまったのである。むしろ、「数字だけがものを言う資本主義」が進展していくなかで、芸術もお金の世界に巻き込まれてしまったのだ。

ピカソが銀座で目にし、「もう日本には来ない」と言わしめた事態は、その象徴的な出来事だったのではないか。

数字から始まるアート、お金から始まる芸術が目立つようになってしまったことで、戦前にあったような日本の感性は、失われてしまったように見える。そして、必ずしも本当のことを伝えるわけではないメディアや〝世間体〟のために、人々のもつ審美眼は、どんどん歪められてしまったのだと思われるのだ。

しかし、**日本のもっている底力に、フランスは期待している。それが日本を変え、世界をリードしてくれることを期待している**のだ。そしてもうひとつ、これはフランスに限らないが、世界が認めているのが、日本の忍耐強さである。

東日本大震災の惨状は世界に報じられた。これほど豊かな国が、これほどまでに厳しい状況に置かれる。理性を保っていくのは難しいのではないか。ここからの復興は極めて厳しいのではないか、と世界の人たちは考えていたのだ。

ところが日本人は、世界が驚くほど理性的に動き、復興を成し遂げつつある。東日本大震災以外でも、日本がたくさんの自然災害に見舞われ、そのたびに乗り越えてきたことが知られることになった。そうした日本人の姿は、世界の人に驚異と敬意をもって見守られた。

ところが、そんな国が「数字だけがものを言う資本主義」に飲み込まれてしまったことが、フランス人にはもったいなくてしょうがないのである。カネ儲け主義とも言うべき考え方に影響されてしまったことが、残念でならないのだ。

かつて、日本には素晴らしい文化と美意識、信念があった。そして、それは間違いなく、アートの世界にも好影響をもたらしていたのである。

そのスピリットを、もう一度取り戻せないだろうか。東洋人の血の中に流れている何か。日本人の血の中に流れている何か。アメリカ式一色になったことで失ってしまった何かを、もう一度見つめ直せないだろうか。

ちなみに、日本の素晴らしさといえばもうひとつ、私がいつもフランスで

Matsui's view

優れた文化を生み出した昔の日本をイメージしてほしい

自慢してきたことがある。それは、日本女性の美しさである。日本女性の笑顔は本当に美しいと思う。

ところが今、その笑顔が減った。すっかりなくなってしまった。まるで、ヘビに狙われている蛙みたいになっている。笑わないのだ。日本女性には笑ってほしい。笑顔でいてほしい。それが私の希望だ。そのためにも、日本はもっと元気に、開かれた社会になる必要がある。

長く経済が停滞を続けてきたことで、今、少しずつ日本は変わり始めている印象がある。かつての日本をぜひ思い出し、イメージしてほしい。日本がもっている底力を活かしてほしい。

日本には、まだまだ大きな可能性がある。今は、変わるチャンスである。フランス人も、それを信じている。

50

夕日が
青く見えた日

今、日本人に求められていることは、じっと目を凝らすことだと思う。目の前にあるものを、**固定観念を取り払ってきちんと見る。何者にも邪魔されない、本当の心で見る。価値観を変えて見てみる**のだ。

例えば、多くの人は、夕日は赤いものだと思い込んでいるだろう。しかし、果たして本当にそうだろうか。もちろん赤い夕日もある。しかし、それだけが夕日の姿なのだろうか。

もう10年になる。五島列島の久賀島で、消防団の名誉団長を務めさせてもらったことがある。朝早く集まって、船で久賀島に向かった。するとと、真っ黒な雲の中に太陽が出てきた。私は驚いた。じっと見ていると、太陽が青く光って見えてきたからである。しかし、船に乗っている人たちは、ほとんど反応していなかった。彼らにとっては、いつもの日の出だったのだと思う。

「素晴らしい日の出です」

と私は声に出して言ったのだが、誰も反応しなかった。太陽が青く見えたのだ。だが、もしかしたらそれは、私だけに見えたのかもしれない、と思った。**アーティストは時として変わった見方をする。そういう見方をしてきたから、太陽が青く見えたのかもしれない。**私は、自分の幸せを思った。青く光る太陽が見えたのだから。

しかし、奇跡は2度起きた。今度は帰りの船に乗っているときのことだ。大きな夕日が沈もうとしていた。赤い夕日は美しかった。これが、また青く染まったのである。赤い夕日が海に沈んでいくにつれ、どんどん青く光って見えたのだ。

私は次第に理解した。太陽が赤く見えるのは、海の青があるからなのだ。青があるから、赤があるのだ。コントラストがあるからこそ、色はより輝きを増す。やがて、青く光る海は、次第に夕日を取り込み始めた。海の光の青が、太陽の光に混ざり始めた。その瞬間、太陽は青く光った。夕日が、青く染まったのである。

私は、画家であることに感謝した。いつも、目の前に見えるものを通して、見えないものも描こうとしてきた。そうすることで、時として、見えるはずがないものも、目の前に見えることがあるのだ。

私はこのときの感動を胸に、青く光る夕日を描いた。長い年月をかけて少しずつ描き足していったその絵は、２０２０年の終わりに完成した。先に書いた、山下洋輔さんとのコラボレーションで到達した私のブルーを最後に描き込み、仕上げたものだ（口絵最終ページ参照）。


私たちは、目を凝らさないといけない。固定観念を取り払って。既成概念を覆して。大事なものを見落としているのかもしれないのだ。

青い目の人が青を見たら、もしかしたら私たちの黒い目とは違う見え方をするのかもしれない。青だと言われているものは、青ではないかもしれない。ただ、それが青だからと言われて、私たちは当たり前のように青だと思っているが、実はほかの人には違って見えているかもしれないのだ。

実際、同じ色がどんな色に見えるのか、かつて実験したことがある。絵の具には、色々な青がある。今、見えている青はどんな青に見えているか。

予想は当たっていた。青い目をした若者と、緑の目をした若者にさまざまな青色が描かれている色見本を見せ、「どの色がブルーだと思う？」と尋ねたところ、まったく違うブルーを指さしたのだ。

青は青だと、人は当たり前に考えている。しかし、実はそうではないのだ。青ひとつとってみても、色々な見え方がある。私たちの青は、極めて不安定な定義でしかないのである。

実は、一人ひとりが見えているものが違っている可能性がある、と考えてみたらどうだろう。そう考えるだけでも、私は面白いと思う。今は色について語ったが、人生もそうである。人によって、同じ人生でも大きく彩りを変えるということだ。

夕日はいつも赤ではない。青い夕日もある。そこから始めてみてほしい。もっともっと人生を、楽しむために。

あなたが見ている夕日は、あなただけの夕日である

← Matsui's view

column

フランスの
人生
処方箋

松井守男の好きな格言⑤

~生きるために
食べるのであって、
食べるために
生きるのではない~

Il faut manger
pour vivre,
et non vivre pour
manger.

神田明神
文化交流館
にて

苦しいときこそ、一歩引いて考えてみてほしい。一度きりの人生、楽しんだもの勝ちである。

おわりに

日本人、一人ひとりが「出る杭」になってほしい

日本の人にぜひ知ってほしいと思うこと。それは、私のように、自分の描きたい絵だけを描いてすっかり人生を楽しんでいる、そんな日本人がフランスに住んでいるということだ。そして、これは決して特別なことではなく、誰にでもできるチャンスがあるのだということを。

「あれは松井さんだったから」と言ってほしくない。その発想

が、すべてをダメにしている。いったい何を根拠にそんなことを言うのか。

もっと自信をもってほしい。誰もが幸せに生きることができることに、ぜひ気づいてほしい。「油絵では食べていけないから」と日本で兄に言われたのは、もう60年以上も前のことである。しかし、それは間違っていることにもぜひ気づいてほしい。

私は油絵で食べてくることができた。好きなものを描き、画家としてフランスで暮らすことができたのである。

若い人だけではない。年齢を重ねた人にも元気を出してほしい。私は70代だが、政治、経済、あらゆる業界で変に権力を握っている一部の人たちは除くとして、日本では、この年齢層の人たちの元気がない。もっともっと、社会が彼らを必要とすることだ。そうすることで、元気になっていく。

だから、年を経たときに、自分が社会に何ができるのかを考えたほうがいい。何かを学ぶのもいい。それこそ絵を学ぶのもいい。そうすることで、自分の居場所を増やしていくことができる。社会とつながる機会をもつことができる。それが生きがいにつながる。おじいちゃん、おばあちゃんで終わっている場合ではない。まだまだいろんなことができる。

ビジネスに携わる人たちには、ぜひアートを活かしてほしい。素晴らしい人との出会いに使ってほしい。アートを介して色々なものに気づけ、色々なものが手に入る。そのことを知ってほしい。

そして日本人には、思いきったチャレンジをしてほしい。世間体を気にすることなく、もっと大胆に生きてほしい。

「出る杭は打たれる」という日本語があるが、私はこの言葉はポジティブに捉えるべきだと考えている。打たれるから、出てはいけない、ということではない。打たれるからこそ、出ていくべきなのだ。

なぜなら、それが生きるパワーにつながっていくから。打たれてこそ、戦う力がみなぎってくるから。自分の信念どおりに生きていることを、肌で実感できるから。

私は年齢の割に若いと言われる。お会いして、私の年齢を知ってびっくりする人は少なくない。なぜ、私が若くいられるのかといえば、それは、戦っているからである。出る杭になることを楽しんでいるからである。出る杭になることは、人を若返らせ、若さをキープさせてくれる。出る杭になると、自然とエネルギーがわいてくるのである。

元気が欲しいなら、戦えばいい。そのためには、自分を貫くこと。出る杭になることだ。それはきっと、みなさんの人生を輝かせてくれる。

最後になったが、本書の制作にあたっては、フローラル出版代表の津嶋栄さん、編集長の川田修さん、編集者の小元佳津江さん、ブックライターの上阪徹さんにお世話になった。この場を借りて、御礼申し上げたい。
また、日本でのマネジメントを手がけてくれている、株式会社Ｇａｌｅｒｉｅ ＳＯＵＳ－ＳＯＬ代表取締役の郷保剛さん、さらには今もコルシカで私のサポートをしてくれているマネジャーのロベールに、改めて謝意を表したい。

日本のみなさんの幸せのために、少しでも本書がお役に立てますことを。

２０２１年７月　松井守男

松井守男

まつい　もりお

1942年愛知県豊橋市生まれ。1967年、武蔵野美術大学卒業と同時にフランス政府奨学生として渡仏。パリを拠点に制作活動を始め、アカデミー・ジュリアン、パリ国立美術学校に学び、パブロ・ピカソとの出会いに大きな影響を受ける。幅広い活動を展開するもさまざまな苦悩や葛藤に直面し、自分の表現を模索する時期が続く。

1985年、これを描いて死ぬという覚悟とともに2年半の歳月をかけて制作した『遺言』で、細かなタッチを面相筆で大画面に重ねて描く画境を確立。現地で高い評価を得、「光の画家」と呼ばれるようになる。1998年にはコルシカ島に拠点を移し、2000年に仏政府から芸術文化勲章、2003年にはレジオン・ドヌール勲章をフランス本国にて受章。

2005年に「愛・地球博」の仏独共同パビリオンの公式作家となり、当時のシラク・仏大統領より「フランスの至宝」と称される。2008年には日仏交流150周年記念展（東京・銀座／シャネル・ネクサス・ホール）や長崎の大浦天主堂などの史跡で個展が開催され、スペイン・サラゴサ万博で再度フランス公式画家に選出される。同年、長崎県五島列島の久賀島にもアトリエを構え、以降はコルシカと日本の双方を制作拠点としながら、世界で活動している。

松井守男　公式サイト　https://moriomatsui.com/en/

読者の皆様へ

本書を最後まで読んでいただきまして、
まことにありがとうございます。
この感謝の気持ちを込めて、
書籍をご購入いただいた方限定で
何か“特別なオファー”を
させていただきたいと考えました。
今回、こちらの書籍でお伝えした
アート思考という『知識』。
これに加え、アートのもつ本質を
より深くあなたの人生に取り込んでいただくための
『アート体験』を提供するため、
松井画伯のワークショップの開催情報や
活動の最新情報を発信できる場を
設けさせていただきました。

フローラル出版

こちらに関して、
下記QRコードよりご登録いただき、
より詳しい情報を
お受け取りください。

●ご登録者様限定特典●

アートを体験する
ワークショップへの
優先ご招待

松井画伯の
文化芸術活動の
最新情報報告

※こちらへの
ご登録は【完全無料】です

Morio Matsui

夕日が青く見えた日

「ピカソが未来を託した画家」が語る
本物のアート思考

2021年8月5日　初版第1刷発行
著者／松井守男
発行者／津嶋栄
発行／株式会社フローラル出版
〒163-0649
東京都新宿区西新宿1-25-1
新宿センタービル49階　＋OURS内
電話：03-4546-1633（代表）
電話：03-6709-8382（注文窓口）
注文用ファックス：03-6709-8873
メールアドレス：order@floralpublish.com

出版プロデュース／株式会社日本経営センター
出版マーケティング／株式会社BRC
印刷・製本／株式会社光邦
写真／口絵のピカソ、『ゲルニカ』
©Getty images

ISBN：978-4-910017-15-0　C2030